Anselm Grün
Ahmad Milad Karimi

Frei werden zum Wesentlichen

Anselm Grün
Ahmad Milad Karimi

Frei werden zum Wesentlichen

Ein Begleiter für Fastenzeit und Ramadan

VIER TÜRME

Inhalt

Christliche Aspekte

Vorwort

ANSELM GRÜN

AHMAD MILAD KARIMI

Fasten ist eine alte und bewährte Praxis, die über Kulturen und Religionen hinweg das Herz des Menschen berührt und verwandelt hat und es noch immer tut. In der Begegnung von Christentum und Islam ist das Fasten eine Brücke, die Menschen unterschiedlicher Traditionen in ihrem gemeinsamen Streben nach Sinn, Hingabe und innerer Einkehr verbindet. Dieses Buch ist aus der tiefen Überzeugung entstanden, dass das Fasten, ob christlich oder muslimisch, in seinem Kern mehr ist als ein äußerer Verzicht, mehr als ein äußerliches Gebot. Es ist ein Weg zu innerer Freiheit, zu Gott und zu sich selbst.

Wir haben uns aufgemacht, diesen Weg gemeinsam zu gehen, die Tiefen und Facetten des Fastens zu erkunden und voneinander zu lernen. Was uns dabei klar wurde, ist nicht nur, wie viel Weisheit das Fasten in beiden Traditionen birgt, sondern auch, wie erstaunlich groß die Gemeinsamkeiten zwischen islamischer und christlicher Spiritualität sind – vor allem in Bezug auf die praktische Anwendung und die ethische Haltung dahinter.

Dieses Buch ist Ausdruck unseres gemeinsamen Suchens und unserer Überzeugung, dass der Islam und das Christentum als Wege zur Wahrheit zusammengehören. Wir reden nicht über den interreligiösen Dialog, sondern setzen ihn praktisch um, wir hören aufeinander, entdecken Neues und staunen über das Gemeinsame, das Erhebende. Beide Traditionen führen Menschen auf die Reise zu Gott und zum tieferen Sinn des Lebens. Diese besondere Begegnung war für uns eine kostbare Erfahrung, und wir hoffen, dass sie auch Ihnen, liebe Leserinnen und Leser, neue Einsichten eröffnet und Sie inspiriert.

Ob als Wegbegleiter durch den Ramadan oder die Fastenzeit: Möge dieses Buch Ihnen helfen, das Fasten als eine Brücke zu sehen – zu Gott, zum Nächsten und zu Ihrem inneren Selbst. Es soll Sie durch Tage der Stille und Einkehr begleiten und Ihnen neue Perspektiven auf die universelle Kraft des Fastens eröffnen. Wir möchten Sie damit aber auch einladen, diesen Weg mit uns zu gehen und das Fasten als eine Quelle der Verwandlung und der Verbundenheit zu erleben – für sich selbst, für Ihre Gemeinschaft und für die Welt.

Demut

ANSELM GRÜN

In den Vätersprüchen der Wüstenmönche wird das Fasten immer wieder mit der Demut verbunden. So sagt Abba Longinus:»Das Fasten demütigt den Körper und das Wachen reinigt den Geist« (Regnault 104). In einem anderen Väterspruch heißt es:»Der Bruder sprach: ›Was wird aus den Fasten und Nachtwachen, die der Mönch leistet?‹ Der Greis antwortete ihm: ›Sie machen die Seele demütig‹« (Apophthegmata 512). Und Abba Poimen, einer der großen und bekanntesten Wüstenväter, sagt:»Die Seele ist absolut nicht demütig, wenn sie nicht mit Brot rationiert wird« (Regnault 73).

Doch nicht alle dachten so. Es gab auch Wüstenväter, die mit ihrem Fasten angaben. Sie führten anderen stolz vor, wie radikal sie fasten konnten. Doch die weisen Väter verurteilten solches Tun. Sie meinten, diese Mönche würden sich vom»Ohrenschmaus« der Menschen ernähren. Das ist kein wahres Fasten. Das wahre Fasten geschieht – wie es Jesus in der Bergpredigt sagt – im Verborgenen. Das rechte Fasten macht uns demütig. Denn es konfrontiert uns mit uns selbst, mit all unseren Wünschen und Bedürfnissen, mit unseren Gedanken und Gefühlen, mit unseren Schattenseiten. Die Erkenntnis des eigenen Schattens macht uns demütig. Das Fasten führt uns darüber hinaus an unsere Grenzen. Es zeigt uns sehr deutlich, dass wir Menschen sind mit Leib und Seele, dass wir uns über unseren Leib nicht erheben können. Wir müssen ihn mit seinen Bedürfnissen akzeptieren und ihm sein Recht lassen. Im Fasten werden wir zudem mit unserem eigenen Mangel konfrontiert. Wir sind uns selbst nicht genug. Wer hungrig vor Gott sitzt, der spürt seine Sehnsucht nach Erfüllung. Er fühlt mit seinem Leib, dass er auf die Erfüllung von außen angewiesen ist. Das Fasten zeigt, dass wir unseren Leib nicht wie einen Sklaven behandeln dürfen. Wer nicht auf seinen Leib hört, dem wird dieser mit Krankheit antworten. Zur Demut gehört es, dass wir auf unseren Leib Rücksicht nehmen. Allerdings bedeutet das nicht, dass wir jedes Bedürfnis erfüllen.

Das lateinische Wort für Demut ist *humilitas*. Das hat mit *humus*, also Erde zu tun. Demut ist der Mut, hinabzusteigen in die eigene Erdhaftigkeit. Das bedeutet zum einen, hinabzusteigen in den eigenen Leib, ihn besser kennenzulernen mit seinen Bedürfnissen, aber auch mit seinen Schmerzen. Demut bedeutet zu akzeptieren, dass ich diesen Leib habe, der sich nicht wie eine Maschine beherrschen lässt, sondern sich immer wieder meldet mit seinen Grenzen. Demut meint auch den Mut, hinabzusteigen in die Abgründe meiner Seele, in den Schattenbereich, in dem all das anzutreffen ist, was ich verdrängt habe, weil es meinem Selbstbild nicht entspricht.

Das Fasten konfrontiert mich mit meiner eigenen Wahrheit. Und die macht immer demütig. Im Fasten kommen wir in Berührung mit unseren Emotionen, gerade auch mit den negativen wie Ärger, Unzufriedenheit und Neid. Das Fasten raubt uns die Mechanismen, mit denen wir diese Emotionen verdrängen. Es konfrontiert uns mit dem, was ist.

AHMAD MILAD KARIMI

Im Koran wird die Demut als eine besonders bedeutende Tugend hervorgehoben, die zum einen unser Verhältnis zu Gott prägt und zum anderen unsere Haltung zu anderen Lebewesen bestimmt. Kein Mensch darf sich über einen anderen erheben. Demut als Tugend führt uns zu der schönen Einsicht, dass wir immer in Berührung mit unserer Fehlbarkeit leben lernen.

Die Demut, die im Fasten praktiziert wird, ist eine grundlegende Haltung, die es uns ermöglicht, den eigenen Stolz und die eigenen Ansprüche hinter uns zu lassen. Wenn wir fasten, setzen wir uns mit der Essenz unseres Menschseins auseinander, weil wir auf das Wesentliche reduziert sind. Wir lernen, dass unser Leben nicht allein durch unsere eigenen Bemühungen oder unseren Besitz zur Erfüllung kommt.

Im Islam wird die Demut ebenfalls als Schlüssel zur Erkenntnis der eigenen Grenzen und Schwächen verstanden. Das Fasten konfrontiert uns mit unseren Bedürfnissen und zeigt uns, dass wir nicht unantastbar sind. Im Hunger spüren wir unsere Abhängigkeit von Nahrung und anderen äußeren Bedingungen und erkennen, dass wir in unserer Verletzlichkeit menschlich sind. Diese Erkenntnis führt zur Demut, die uns lehrt, auf uns selbst und unsere Bedürfnisse Rücksicht zu nehmen, ohne uns von ihnen beherrschen zu lassen.

Die Demut, die wir durch das Fasten erfahren, hat ihre Wurzeln in der Einsicht, dass alles, was wir besitzen, uns letztlich nicht gehört, nicht einmal unser Leib, unsere Seele, unser Herz, unsere Liebe. Der Verzicht auf Nahrung und Genuss wird somit zu einem Akt der Hingabe, der uns hilft, das Göttliche in unserem Leben zu erkennen. Wir üben uns im Loslassen von irdischen Bindungen und entwickeln eine innere Freiheit, die uns ermöglicht, unser Herz für das zu öffnen, was Gott uns geben will.

Der Weg der Demut im Islam zeigt, dass Fasten eine Möglichkeit darstellt, die eigenen Grenzen zu akzeptieren und Gott näherzukommen. Es ist ein Prozess, der sowohl schmerzhaft als auch befreiend sein kann. Indem wir uns der Notwendigkeit des Verzichts stellen, erfahren wir, dass unsere menschlichen Bedürfnisse nicht unsere Identität bestimmen. Vielmehr führt uns der Akt des Fastens zu einer tieferen Verbindung mit dem Göttlichen und erinnert uns daran, dass wahres Leben in der Hingabe und der Demut zu finden ist. Denn im Koran ist hervorgehoben: »Wahrlich, Gott liebt nicht die Überheblichen, die Prahlenden« (Koran 22,18).

Die Demut, die wir im Fasten erfahren, hebt unsere Bedürftigkeit und Mitmenschlichkeit hervor. Im Leben des Propheten Muhammad zeigt sich dies deutlich: Er war ein Vorbild an Bescheidenheit und Mitgefühl. Trotz seines Status als Prophet lebte er in Einfachheit. Demut wird zu einem Kennzeichen des gläubigen Menschen:»Und die Diener des Barmherzigen sind die, die umhergehen auf der Erde demütig« (Koran 25,63). Beim Fasten üben wir uns im Glauben, indem wir uns demütig erden.

Im Islam ist Demut nicht nur eine Tugend, sondern auch eine aktive Praxis, die uns dazu anregt, unser Augenmerk von uns weg auf andere zu lenken. Wenn wir fasten, haben wir die Gelegenheit, über unser eigenes Wohl hinauszudenken und den Hunger und die Not derer zu spüren, die nicht die Mittel haben, sich gut zu ernähren. Diese Erfahrung fördert nicht nur unser Mitgefühl, sondern auch unser Bewusstsein für soziale Gerechtigkeit. Indem wir unsere eigenen Bedürfnisse zurückstellen, sind wir in der Lage, den Bedürftigen zu helfen und unsere Gemeinschaft zu stärken.

Das Fasten als Akt der Demut ist somit nicht nur eine persönliche Erfahrung, sondern auch eine kollektive. Es erinnert uns daran, dass wir Teil einer größeren Gemeinschaft sind, die auf gegenseitige Unterstützung und Verständnis angewiesen ist. In der Demut finden wir die Stärke, einander zu unterstützen und eine Welt zu schaffen, in der jeder die Möglichkeit hat, in Würde zu leben.

2

Verzicht

AHMAD MILAD KARIMI

Im Islam wie auch in der christlichen Tradition spielt der Verzicht eine zentrale Rolle für die spirituelle Einübung im Leben und das Streben nach innerer Reinheit. Anselm Grün beschreibt den Verzicht als Ausdruck von Freiheit – als die Fähigkeit, nicht von Bedürfnissen beherrscht zu werden, sondern selbstbestimmt Nein zu sagen. Dies entspricht auch dem islamischen Verständnis des Fastens, bei dem der Mensch nicht nur auf körperliche Annehmlichkeiten verzichtet, sondern eine innere Disziplin entwickelt, die ihn von weltlichen Bindungen befreit.

Der Weg des Verzichts im Islam ist tief verwoben mit dem Fasten im Monat Ramadan. Er stellt nicht nur eine körperliche Enthaltsamkeit dar, sondern zielt auf die innere Disziplin, das Loslassen und die Läuterung des Herzens. Fasten bedeutet Verzicht, meint aber nicht einfach das Nein zu Nahrung und Trank, sondern das Ja zu einer tiefen spirituellen Praxis. Verzicht ist im islamischen Verständnis mehr als bloße Enthaltung, es bedeutet darüber hinaus eine Öffnung. Diese Haltung lässt uns erfahren, dass das, woran wir uns klammern, uns nicht gehört und wir letztlich in einer Abhängigkeit zu Gott stehen, »Bedürftige Gottes« sind, wie es im Koran heißt (Koran 35,15).

In dieser Sichtweise bedeutet der Verzicht, dass der Mensch lernt, seine Begierden nicht als zentrales Streben in seinem Leben zu betrachten. Er erkennt, dass Glück nicht in der Befriedigung von materiellen Bedürfnissen liegt, sondern in der Nähe zu Gott. Durch den bewussten Verzicht während des Ramadans wird nicht nur das Essen und Trinken, sondern auch das unkontrollierte Reden und Handeln gezügelt und auf negative Verhaltensweisen verzichtet, wie zum Beispiel üble Nachrede oder Zorn. Dieser umfassende Verzicht zeigt, dass das Fasten nicht nur körperlich, sondern auch moralisch und spirituell wirkt. Es geht um die Zurückhaltung in allen Lebensbereichen, die den Menschen verunreinigen und ihn von Gott trennen, das heißt auch von seiner eigenen Wahrheit. Wir vergessen oft, wie sehr es uns selbst schadet, wenn wir uns nicht von dem befreien, was uns im Griff hat. Und dazu gehört häufig auch üble Nachrede, das Lästern oder das Nachdenken über andere, was uns innerlich zermürbt und unsere Seele belastet. Wir lernen im Fasten, uns unserer Bedürfnisse bewusst zu werden, um ihnen nicht blind zu folgen. Das ist weitaus schwieriger, als allein auf das Essen und Trinken zu verzichten. Verzicht ist nicht bloß Entsagung, sondern eine Neuausrichtung, eine Öffnung hin zum Wesentlichen. Dieser Weg führt letztlich zu Gott, dem Einzigen, an den wir uns in Wahrheit binden können.

Im Fasten liegt also eine Einladung zur Selbstdisziplin und zur Freiheit von der Macht der eigenen Wünsche. Diese Freiheit wird im Islam als *Taqwā*, Gottesehrfurcht, bezeichnet, die nicht als Angst verstanden werden sollte, sondern als Achtsamkeit und Respekt vor dem Schöpfer. Im Verzicht trainieren wir unser Herz, uns nicht in der Welt zu verlieren, sondern unsere Hingabe und unser Begehren auf das Göttliche zu richten, auf das, was uns erhebt.

Verzicht ist ein Akt der inneren und äußeren Reinheit. So wie das Fasten den Körper von toxischen Stoffen befreit, befreit es auch das Herz von Anhaftungen. Es ist ein Weg der Rückkehr zu Gott, der uns einlädt, die Anziehungskraft einer Welt zu durchbrechen, die uns abhängig macht. Wer sein Herz in dieser Zeit von weltlichen Dingen löst, erfährt eine tiefere Verbindung zu Gott und eine Befreiung von den alltäglichen Sorgen. Der Verzicht lehrt uns, dass alles Vergängliche nicht das ist, was unser Leben erfüllen kann.

Wichtig ist jedoch, dass dieser Verzicht nicht als Selbstzweck verstanden wird. Im Islam ist das Fasten ein Geschenk, durch das sich der Gläubige Gott näher fühlen kann, ein bewusster Akt der Gottesverehrung, aber es geht noch tiefer: Das Fasten als Form des Verzichts ist ein Gottesdienst, der die Gläubigen daran erinnert, dass sie selbst Diener sind – nicht nur ihrer eigenen Bedürfnisse, sondern vor allem Diener Gottes. Diese Hingabe im Verzicht reinigt das Herz von den weltlichen Anhaftungen und eröffnet einen neuen Raum für das Göttliche. Es öffnet den Menschen für eine tiefergehende Achtsamkeit, durch die das Herz sich ausrichtet auf das, was jenseits des Materiellen liegt. Es ist eine Zeit, in der das spirituelle Wachstum an oberster Stelle steht und der Mensch sich von inneren und äußeren Belastungen reinigen kann.

Im Islam bedeutet Fasten daher, sich zu befreien – von weltlichen Bindungen, von inneren Zwängen und von den Illusionen der Selbstgenügsamkeit. Der Verzicht lehrt, dass die wahre Fülle nicht im Haben, sondern im Sein liegt – im Sein vor Gott, im Sein mit Gott, im Sein als Teil der Schöpfung. Fasten als Verzicht ist somit eine Einladung, sich im Herzen zu erneuern, sich auf den Weg zu machen und zu erfahren, dass das, was wir aufgeben, nichts im Vergleich zu dem ist, was wir gewinnen: innere Freiheit.

ANSELM GRÜN

Für viele Menschen hat das Wort »verzichten« keinen guten Klang. Sie verbinden es sogleich mit: Ich darf mir nichts gönnen. Doch selbst Sigmund Freud meinte einmal: Wer nicht verzichten kann, wird nie ein starkes Ich entwickeln können. Für ihn gehört es zur Reife des Menschen, dass er nicht jedem Bedürfnis sofort nachgibt. In gewisser Weise war das in früheren Zeiten sogar einfacher, weil es beispielsweise im Winter eben keinen frischen Salat oder frisches Obst gab. Heute kann man zu jeder Jahreszeit alles kaufen. Das führt dazu, dass man die Gaben der Natur gar nicht mehr zu schätzen weiß.

Das Verzichten ist daher heute auch ein Ausdruck von Freiheit. Ich werde nicht beherrscht von meinen Bedürfnissen, ich kann auch einmal Nein sagen zu dem, worauf ich gerade Lust habe. Ein Arzt sagte mir einmal:»In der Fastenzeit verzichte ich bewusst auf Alkohol, auch um mir zu beweisen, dass ich nicht davon abhängig bin.« So entspricht das Verzichten-Können der Würde des Menschen und seiner Freiheit.

In meiner Kindheit machten wir Kinder uns einen Sport daraus, alle Süßigkeiten, die wir von anderen in der Fastenzeit geschenkt bekamen, in ein Glas zu tun und das erst wieder an Ostern zu öffnen. Das hat uns nicht geschadet. Im Gegenteil, wir waren stolz, wenn es uns gelungen war, wirklich bis Ostern zu warten und nicht schon während der Fastenzeit einmal heimlich etwas daraus zu nehmen. Das entspricht vielleicht auch der Erkenntnis in der Medizin, dass zeitweiser Nahrungsentzug heilsam auf den Körper wirkt.

Verzichten ist aber nicht nur ein körperlicher Akt. Auch die Philosophie und Psychologie haben den Wert des Verzichts erkannt. Psychologisch betrachtet bedeutet Verzichten, über sich selbst bestimmen zu können, anstatt von anderen oder von den eigenen Bedürfnissen beherrscht zu werden. Schon die stoische Philosophie hat die Selbstbeherrschung, zu der das Verzichten gehört, immer sehr hoch geschätzt. Im Neuen Testament ist es Paulus, der diesen stoischen Wert der Selbstbeherrschung – der *enkrateia* – eine Frucht des Heiligen Geistes nennt. Dabei vergleicht er den Christen mit einem Sportler, der auf manches verzichtet, um den Siegespreis im Wettkampf zu erringen (1 Korinther 9,25). Wir sollen also das Verzichten nicht als Lebensverneinung verstehen, sondern sportlich betrachten, als Voraussetzung für einen guten Wettkampf.

3

Reinigung

ANSELM GRÜN

Fasten reinigt den Körper, verjüngt ihn und befreit ihn von Schlacken – eine Erkenntnis, die nicht erst die moderne Medizin gewonnen hat. Für die frühen Mönche ging es beim Fasten jedoch nicht in erster Linie um die Reinigung des Körpers, sondern um die Reinigung der Seele. So heißt es in einem Väterspruch: »Ein Alter sagte: Wer sich den Bauch mit Speise und Trank füllt, vernachlässigt das Gebet und kann keinen Krieg gegen seine Gedanken führen. Der Hunger und das Wachen reinigen das Herz von schlechten Gedanken und den Körper von den Angriffen des Feindes, um daraus die Wohnung des Heiligen Geistes zu machen« (Regnault 322). Das Fasten, das nicht zugleich die Seele reinigt, ist für die Mönche wertlos. Eine reine Seele zeigt sich darin, dass sie nicht über andere Menschen urteilt. Das Reden über andere dagegen verunreinigt die Seele. So sagt Abbas Hyperechios: »Besser ist es, Fleisch zu essen und Wein zu trinken als in verleumderischen Reden das Fleisch der Brüder zu essen« (Apophthegmata 921).

Daher wäre es eine gute Übung in der Fastenzeit, sich einmal vorzunehmen, eine Woche lang nicht über andere zu reden. Das ist gar nicht so einfach. Aber wir werden erfahren, dass es unsere Gedanken reinigt. Natürlich soll der Verzicht auf das Reden über andere auch mit der geistigen Übung verbunden sein, die eigenen Gedanken über die anderen zu stoppen. Mit dieser Übung wird uns wahrscheinlich erst einmal bewusstwerden, wie sehr wir in Gefahr sind, uns ständig mit anderen zu beschäftigen, sie innerlich zu bewerten und oft genug zu verurteilen. Die Fastenzeit ist eine Trainingszeit. Sich das Reden oder Nachdenken über andere für immer zu verbieten, wird niemand fertigbringen. Doch es eine Woche lang zu trainieren, ist eine gute Methode, das Denken und Reden und dadurch den Geist von negativen Gedanken über andere Menschen zu reinigen. Allerdings sollten wir dabei immer den Grundsatz der Mönche berücksichtigen: Wir sind nicht verantwortlich für die Gedanken, die in uns auftauchen, sondern nur dafür, wie wir damit umgehen. Reinigen bedeutet nicht, dass in uns keine negativen Gedanken mehr über andere Menschen auftauchen, sondern dass wir sie anschauen und dann loslassen.

AHMAD MILAD KARIMI

Im Islam hat das Fasten eine tiefere Bedeutung als bloße Enthaltsamkeit. Es dient der physischen Disziplin, doch es zielt vor allem auf die spirituelle Reinigung ab – es ist ein Mittel, die Beziehung zu Gott zu vertiefen, die eigene innere Landschaft zu klären und sich von unnötigem Ballast zu befreien.

Ähnlich wie im Christentum die Reinigung des Körpers als Symbol für die Reinigung der Seele verstanden wird, wird im Islam die rituelle Waschung (Wuḍūʾ) vor dem Gebet als Zeichen dieser Zuwendung zu Gott vollzogen. Die Reinigung des Köpers ist nicht unabhängig von der Reinigung der Seele. Wasser fließt sanft über den Körper und wäscht nicht nur den sichtbaren Schmutz ab, sondern erinnert auch an die Reinheit, die wir im Herzen anstreben. So wie das Wasser fließt, soll der Gläubige seine Gedanken und Gefühle reinigen und sich auf das Wesentliche konzentrieren: die Verbindung mit Gott. Diese Art der Reinigung betrifft vor allem das Herz: Es soll frei von Neid, Missgunst, Eifersucht und Habsucht werden – all jenen negativen Eigenschaften, die den spirituellen Weg behindern.

Im Fasten offenbart sich eine tiefe Selbstprüfung. Indem der Gläubige sich der Entbehrung aussetzt, stellt er sich auch der Herausforderung, seine eigenen Begierden zu erkennen und zu überwinden. Das Fasten wird zur inneren Reinigung, die den Menschen dazu befähigt, sich von den Verstrickungen des Alltags und den Versuchungen des Egos (nafs) zu lösen.

Doch all das ist nicht nur ein individueller Prozess. In der Gemeinschaft der Fastenden entsteht ein gemeinsamer Geist, der das spirituelle Bewusstsein schärft. Muslime fasten im Ramadan weltweit nicht nur, um ihren eigenen Körper und Geist zu reinigen, sondern auch, um sich solidarisch mit den Bedürftigen zu zeigen. Durch das Fasten wird der Körper gestärkt und das Herz geöffnet – für Gott, für die Mitmenschen und für die eigene Selbsterkenntnis.

Im Islam liegt der Schwerpunkt im Ramadan auf der inneren Arbeit am Selbst. Das Fasten ist eine Gelegenheit, die Beziehung zu Gott zu reflektieren und sich durch den bewussten Verzicht auf das Überflüssige aus geistigen Blockaden zu lösen.

Die Reinigung geht im Islam jedoch weit über den Fastenmonat hinaus. Sie beginnt mit der täglichen rituellen Reinigung und durchdringt das gesamte religiöse Leben. Jede Handlung, sei es das Gebet, die Rezitation des Korans oder die Mildtätigkeit, ist ein Schritt auf dem Weg zur Reinigung und zur Hinwendung zu Gott. Die Reinheit des Körpers ist ein Ausdruck der Reinheit des Herzens, und das Fasten ist ein Instrument, um beides zu vereinen.

Die innere Reinigung lässt sich nicht allein durch Rituale oder äußerliche Handlungen herstellen. Sie erfordert eine tiefe Reflexion und Auseinandersetzung mit sich selbst, einen inneren Kampf – den sogenannten »großen Dschihad«. Dieser Kampf besteht darin, die eigenen negativen Neigungen zu erkennen, sich ihnen zu stellen und sie durch spirituelle Arbeit zu überwinden. Das Fasten wird so zur Gelegenheit, das eigene Leben zu überprüfen und zu erneuern, sowohl auf körperlicher als auch auf geistiger Ebene.

Die Reinigung durch das Fasten ist im Islam also ein ganzheitlicher Prozess, der das Herz öffnet und den Menschen befähigt, mit Klarheit und Demut vor Gott zu stehen. Es geht um die innere Reinigung als Vollzug des Lebens. Wie das fließende Wasser, das den Körper reinigt, so soll auch das Fasten das Herz klären und die Seele für die göttliche Gegenwart bereiten.

4

Solidarität

ANSELM GRÜN

In der Bergpredigt nimmt Jesus Bezug auf die drei Ausdrucksformen jüdischer Spiritualität, die zu seiner Zeit im Vordergrund standen: Almosen geben, beten und fasten. Wer fastet, soll das also nicht nur für sich selbst tun, sondern letztlich für andere. Fasten und Almosengeben stehen in einer engen Verbindung. Diese ist nicht nur dadurch gegeben, dass ich das, was ich mir durch den Verzicht auf das Essen aufspare, den Armen gebe. Beides hat auch einen inneren Zusammenhang. Denn das Fasten öffnet mich für die anderen, es ermöglicht mir die Solidarität mit ihnen. So rät es Abbas Palladius, einer der Wüstenväter, einem Schüler: »An dem Tag, an dem du fastest, begnüge dich mit Brot, Wasser und Gemüse und sage Gott Dank. Berechne die Ausgabe für das Essen, das du am Fasttag einsparst, und gib den Preis einem armen Bruder aus der Fremde, einer Witwe oder einer Waise, damit der, der ihn empfängt und sich sättigt, für dich betet« (Apophthegmata 427).

Ähnlich heißt es schon im »Hirt des Hermas«, einer der ersten christlichen Schriften, die um das Jahr 150 verfasst wurde: »An deinem Fasttag sollst du nur Wasser und Brot nehmen. Dann sollst du den Betrag der Auslagen berechnen, die du an diesem Tag für deine Ernährung gehabt hättest, und sollst ihn einer Witwe, einer Waisen oder einem Bedürftigen geben. So sollst du dir selbst etwas entziehen, damit ein anderer aus deinem Verzicht Nutzen schöpfe, sich sättige und für dich zum Herrn bete.«

Wenn wir uns über einen anderen Menschen ärgern, dann stopfen wir diesen Ärger oft in Form von Essen in uns hinein, um den anderen beziehungsweise die Wut nicht mehr zu spüren. Das übermäßige Essen ist gleichsam wie ein Abgrenzen dem anderen gegenüber: Ich will nicht ihn spüren, sondern nur mich selbst. Wenn ich faste, öffne ich mich für die Menschen. Und so werde ich sensibel für ihre Nöte und Bedürfnisse. Ich bin dann eher bereit, ihnen etwas von dem zu geben, was ich gespart habe. Jesus mahnt jedoch, das nicht vor uns herzutragen: »Wenn du Almosen gibst, posaune es nicht vor dir her, wie es die Heuchler in den Synagogen und auf den Gassen tun, um von den Leuten gelobt zu werden! Amen, ich sage euch: Sie haben ihren Lohn bereits erhalten. Wenn du Almosen gibst, soll deine linke Hand nicht wissen, was deine rechte tut, damit dein Almosen im Verborgenen bleibt; und dein Vater, der auch das Verborgene sieht, wird es dir vergelten« (Matthäus 6,2–4).

Wie man mit dem Fasten prahlen kann, kann man es auch mit dem Almosen-Geben und der Solidarität mit den Armen. Jesus mahnt uns, dies alles im Verborgenen zu lassen. Es soll aus unserem Innern heraus geschehen. Wenn wir damit angeben, verfälschen wir unsere Solidarität, weil wir mit dem, was wir geben, nicht den anderen meinen, sondern nur uns selbst und unser Image. Jesus will mit seiner Rede sagen, dass unser Almosengeben nur einen Sinn hat, wenn es selbstlos geschieht. Dann ist es sinnvoll. Wir spüren dann eine innere Dankbarkeit. Dieses Gefühl ist mehr wert als die Anerkennung durch andere.

AHMAD MILAD KARIMI

In der Stille des Ramadans, wenn der Körper nach Wasser verlangt, wächst eine andere, tiefere Sehnsucht. Es ist nicht nur der eigene Durst, der im Verzicht spürbar wird, sondern auch der Durst der Welt – nach Gerechtigkeit und nach einem Mitfühlen, das alles verbindet. Der Monat des Fastens erinnert uns daran, dass wir als Menschen nicht für uns allein geschaffen sind. In der wachen Zeit des Tages, wenn die Zeit uns lang erscheint, lehrt uns der Hunger, dass das Brot, das wir entbehren, in den Händen anderer Menschen sein sollte. Der Körper mag dürsten, doch das Herz, das fastet, soll nicht verschlossen bleiben.

Der Monat Ramadan ist auch ein Monat der Solidarität, in dem sich zeigt, dass das Verzichten auf Nahrung und andere Genüsse mehr ist als eine körperliche Übung – es wird zu einer spirituellen Haltung der Gottesfurcht. Diese Einsicht lässt sich tief im Koran finden: »O ihr, die ihr glaubt! Das Fasten ist euch vorgeschrieben, so wie es denen vorgeschrieben war, die vor euch waren. Vielleicht werdet ihr gottesfürchtig!« (Koran

2,183). Gottesfurcht zeigt sich aber nicht allein im persönlichen Entbehren, sondern im achtsamen Umgang mit unseren Mitmenschen.

Fasten im muslimischen Sinn lehrt uns, dass wir aufeinander angewiesen sind. Der Hunger, den wir tagsüber spüren, erinnert uns an diejenigen, für die der Mangel an Nahrung kein freiwilliger Verzicht ist, sondern eine Realität. Doch Solidarität, wie sie im Ramadan gelebt wird, entspringt einer inneren Verbundenheit – einem Bewusstsein, dass wir in unserer Bedürftigkeit nicht isoliert sind, sondern Teil eines größeren Ganzen. Das bedeutet, die eigene Enthaltsamkeit als Brücke zu den anderen zu begreifen. Indem wir bewusst weniger konsumieren, teilen wir das, was wir haben – Zeit, Aufmerksamkeit, Hilfe – mit denen, die es benötigen. Das Fasten erzieht uns zu einem Leben in Gemeinschaft, das vom Geben und Empfangen geprägt ist.

Das Geschenk des Fastens, das uns näher an Gott und die Menschen führt, soll unbemerkt bleiben, es soll uns leise verändern, ohne großen Lärm. Im Koran heißt es weiter: »Und wer immer Gutes tut – sei es das Gewicht eines Stäubchens – wird es sehen« (Koran 99,7). Diese Worte rufen uns ins Gedächtnis, dass jedes noch so kleine Zeichen der Solidarität im Licht der Schöpfung von Bedeutung ist. In der Nacht des Ramadans, wenn das Fastenbrechen naht, spüren wir, wie sich diese Solidarität in der Gemeinschaft entfaltet. Die Nahrung, die am Abend geteilt wird, schmeckt anders, intensiver, nicht nur, weil wir den ganzen Tag ohne sie auskommen mussten, sondern weil sie im Licht der Dankbarkeit steht. Der Bissen, den man teilt, trägt die Spur des anderen in sich. Es ist ein

Zeichen des Mitfühlens, wenn das Brot auf dem Tisch nicht nur den eigenen Hunger stillt, sondern auch den Durst nach Gemeinschaft. Solidarität im Ramadan ist keine bloße äußere Geste. Sie ist vielmehr ein Ruf, unser Herz zu öffnen und uns innerlich zu wandeln. Es geht nicht darum, den anderen aus der Ferne zu betrachten und ihm nur aus einem Gefühl der Pflicht heraus zu helfen. Vielmehr bedeutet Solidarität, sich mit dem anderen an einen Tisch zu setzen, ihm zu begegnen, mit ihm zu fühlen, sich in seine Lage hineinzuversetzen und zu erkennen, dass seine Not auch die eigene ist. Das Brot, das wir brechen, wird zu einem Zeichen der Verbundenheit, zu einem stillen Gebet, das über den Tisch hinausreicht. Und so ist der Ramadan auch eine Zeit der Gerechtigkeit, die sich im Teilen manifestiert – nicht nur im Teilen von Nahrung, sondern auch von Möglichkeiten, von Hoffnung und Gemeinschaft. Denn das Fasten macht uns bewusst, dass der Wert des Lebens nicht in materiellen Dingen liegt, sondern in den zwischenmenschlichen Verbindungen, die wir knüpfen.

Wenn wir in diesen heiligen Nächten aufwachen, uns zum Nachtgebet erheben und dabei den Koran rezitieren, dann geschieht etwas in uns: Wir beginnen, die Bedürfnisse der Welt um uns herum deutlicher zu sehen. Unser Herz wird sanfter, unser Geist offener für die Notwendigkeit, uns für andere einzusetzen. Die innere Stille, die das Fasten uns lehrt, weicht einer tiefen Verbundenheit mit unseren Mitmenschen. Es ist diese Verbundenheit, die uns befähigt, Gutes zu tun, ohne auf Lob oder Anerkennung zu hoffen.

Dieser Ruf zur Solidarität ist im Ramadan besonders laut, auch wenn er in der stillen Zeit des Tages verborgen bleibt. Im

Schweigen des Tages hören wir plötzlich die Stimme der Bedürftigen, die wir sonst überhören. Deshalb sagte der Prophet: »Der beste Islam ist, wenn du die Hungrigen speist [...]«. Diese Worte tragen eine tiefe Weisheit in sich: Solidarität bedeutet nicht nur zu geben, sondern auch zu teilen und anzunehmen, dass wir alle in irgendeiner Weise bedürftig sind. Ramadan ist eine Zeit der offenen Herzen, in der wir uns fragen: Was habe ich zu geben? Und was schulde ich dem anderen? Wenn wir uns von der Hektik und dem Lärm der Welt zurückziehen, ist es diese leise Frage, die uns begleitet.

Im Ramadan erkennen wir, dass Solidarität nicht nur eine äußerliche Verpflichtung darstellt, sondern ein innerer Ruf zur Mitmenschlichkeit bedeutet. Dieser Ruf wird durch die Praxis des Fastens laut. Das Fasten ermutigt uns, über den eigenen Horizont hinauszublicken und die Welt mit anderen Augen zu sehen – mit Augen, die das Leid der anderen wahrnehmen und das Bedürfnis nach Gerechtigkeit erkennen.

5

Offenheit

AHMAD MILAD KARIMI

Ramadan gilt als »Monat Gottes«, in dem »die Tore des Paradieses« geöffnet sind. Das Fasten gleicht einer stillen inneren Reise, die uns darauf vorbereitet, die eigenen Grenzen zu überschreiten, um Gott näherzukommen. Es ist eine Öffnung, ein Aufbrechen der harten Schale des Alltags, um dem Licht der Schöpfung Raum zu geben, dass es in uns einströmen kann.

In dieser besonderen Zeit durchdringt uns das Bewusstsein, dass wir die Verbindung zu Gott nicht erst suchen müssen, sondern dass sie uns umgibt – in jedem Augenblick. Doch oft sind es die Dinge dieser Welt, die wie Schleier vor unseren Augen liegen und uns die Sicht auf das Wesentliche verwehren. Durch das Fasten, durch den bewussten Verzicht lüften sich diese Schleier. Wir befreien uns von den Fesseln der irdischen Bedürfnisse und machen den Weg frei für die Begegnung mit dem, was uns tief im Inneren bewegt: die Sehnsucht nach Gott.

Pater Anselm Grün spricht davon, dass das Fasten uns wacher macht, dass es das Gebet stärkt. Eine Einsicht, die auch im islamischen Kontext greifbar wird: Wenn der Magen leer ist, wird die Seele leicht. Das Herz erwacht und der Geist wird hellsichtig. Was vorher durch den Trubel des Lebens verdeckt war, tritt nun klar hervor: unsere Bindung zu Gott, die wir oft übersehen. Im Fasten wird uns bewusst, dass es nicht nur das Brot ist, das uns nährt, sondern vor allem auch das Wort Gottes, das uns Halt und Orientierung gibt.

Es heißt, die Tore des Paradieses seien offen in diesem Monat. Doch diese Tore sind nicht nur ferne Visionen, die uns am Ende der Zeit erwarten. Sie sind innerlich zu finden, in uns selbst, und es ist das Fasten, das sie aufzustoßen vermag. Wir fasten, um uns für die Wirklichkeit Gottes zu öffnen, um in die innere Schau zu treten, die uns den verborgenen Reichtum des Glaubens erkennen lässt. Wie ein stiller Ruf, der durch die Weiten unserer Seele hallt, dringt das Fasten in die tiefsten Schichten unseres Seins vor.

Fasten bedeutet aber nicht nur, den Körper zu disziplinieren, sondern auch, das Herz zu reinigen. So wie Wasser den Staub von unseren Händen wäscht, so reinigt das Fasten die Seele von den Lasten, die sie niederdrücken. In dieser Reinigung, in dieser Entäußerung wird der Mensch offener für die göttliche Gegenwart. Die Hektik der Tage, die uns sonst so oft zerstreut, verstummt. Es bleibt Raum für das, was immer da war, doch oft überhört wurde: die leise, beständige Gegenwart Gottes, die uns begleitet, in jedem Atemzug.

Rumi schreibt:

Wenn wir einschlafen, sind wir trunken von Ihm.
Und wenn wir erwachen, sind wir in den Händen von Ihm.
Wenn wir weinen, sind wir Wolke Seines Regens.
Und wenn wir lachen, Blitze Seines Segens.
Ein Bild Seines Zorns sind wir in Krieg und Streit.
In Frieden und Gnade ein Bild Seiner Barmherzigkeit.[1]

In der Stille des Fastens, wenn die Welt um uns verstummt, wird das Herz klarer. Wir beginnen zu erkennen, dass Gott nicht in der Ferne zu suchen ist, sondern dass er bereits da ist, in der Tiefe unserer Existenz. Der Prophet Muhammad sagte: »Für den Fastenden gibt es zwei Freuden: eine Freude beim Brechen des Fastens und eine Freude, wenn er seinem Herrn begegnet.«[2] Diese Freude, die sich in der Begegnung mit Gott offenbart, ist das Ziel des Fastens. Es ist eine Freude, die aus der Gewissheit erwächst, dass wir nicht allein sind, sondern dass Gott uns nahe ist – näher als unser eigenes Selbst.

Im Fasten wird der Mensch sich daher auch seiner selbst bewusst – und gleichzeitig seiner kleinsten Regungen. In dieser Offenheit öffnet sich im Dialog mit Gott eine neue Dimension. Das Herz, das zuvor von Sorgen und Begierden erfüllt war, wird still und empfänglich. Es ist, als ob der innere Blick auf eine neue Weise geschärft würde, als ob wir plötzlich sähen, was vorher verborgen war: die Spuren Gottes in unserem Leben. Der Hunger, den wir spüren, wird zum Symbol für den tieferen Hunger unserer Seele, der nur in der Gegenwart des Schöpfers Erfüllung findet.

So führt uns das Fasten Schritt für Schritt zur Offenheit für das Göttliche. Es ist eine Reise nach innen, auf der wir uns selbst begegnen, um am Ende der Reise festzustellen, dass es Gott war, der uns all die Zeit begleitet hat – auch in unserer Einsamkeit.

ANSELM GRÜN

Das Fasten verstärkt unser Beten und öffnet uns noch mehr für Gottes Gegenwart. Bernhard von Clairvaux sieht die Verbindung von Fasten und Beten so: »Das Gebet erlangt die Kraft zu fasten und das Fasten die Gnade zu beten. Das Fasten stärkt das Beten, das Beten stärkt das Fasten und bringt es vor den Herrn« (Bernhard von Clairvaux, 4. Fastenpredigt). Das Fasten stärkt das Beten, weil es den Beter wacher macht. Essen dagegen macht satt und schläfrig.

Die Bibel erzählt beispielsweise, dass Moses Gesicht leuchtete, als er nach dem Fasten und seiner tiefen Gotteserfahrung den Berg hinabstieg: »Während Mose vom Berg heruntersteig, wusste er nicht, dass die Haut seines Gesichtes Licht ausstrahlte, weil er mit dem Herrn geredet hatte« (Exodus 34,29). Das Fasten hatte ihn so für Gott geöffnet, dass sein Leib eine andere Ausstrahlung bekam.

Dass das Fasten uns für Gott öffnet, davon waren auch die Neuplatoniker überzeugt. Sie meinten, dass das Fasten die Seele von allen Fesseln des Sinnlichen befreien könne und dadurch gereinigt würde. Ziel war es, eine »Verähnlichung« und Vereinigung mit dem Göttlichen zu erreichen. Die frühen Kirchenväter haben diese neuplatonische Sicht in ihre Deutung der alttestamentlichen Geschichten einfließen lassen. Am Beispiel der Prophetin Hanna, von der Lukas schreibt, dass sie Gott diente »Tag und Nacht mit Fasten und Beten« (Lukas 2,37), erkannte Tertullian, dass »niemand leichter Christus erkennen kann als die öfters Fastenden«. Denn das Fasten »macht der Erkenntnis verborgener Dinge teilhaftig« (Tertullian, Über das Fasten, 535 und 531).

Für Tertullian und viele Kirchenväter und Mönche hat das Fasten eine mystische Bedeutung. Es bringt uns in die Nähe Gottes, es lässt uns Gott und seine Geheimnisse klarer schauen und ermöglicht uns eine dauernde Gemeinschaft und vertrauten Umgang mit Gott. Der syrische Theologe Philoxenes von Mabbug sagte in einer Predigt: »Faste, um zu sehen [...] Wer Gemüse isst und Wasser trinkt, erntet Visionen und himmlische Offenbarungen, die Wissenschaft des Heiligen Geistes, die göttliche Weisheit und die Erklärung der verborgenen Dinge« (Philoxenes, Homilien, zitiert bei Régamey, 571).

Die Erfahrung vieler Christen bestätigt diese Worte der Kirchenväter. Das Fasten öffnet nicht nur die Sinne für uns selbst und die Dinge, die uns umgeben, sondern auch die geistlichen Sinne, die Gott wahrnehmen. Diese Offenheit ist immer auch mit Freude an der Erfahrung Gottes verbunden. Augustinus sagte einmal, dass man zum Fasten durch die Freude des Geistes getrieben werde, »der die geistlichen Dinge liebgewonnen hat, deren Köstlichkeit ihm eine Art Widerwillen gegen die leiblichen Speisen eingibt« (Augustinus, *De consensu Evangelii*, 2. Buch).

So soll das Fasten dazu führen, dass wir immer mehr Geschmack an Gott finden. Dann dürfen wir erfahren, dass der Mensch nicht vom Brot allein lebt, sondern von jedem Wort, das aus dem Mund Gottes kommt (vgl. Matthäus 4,4).

6

Trainingszeit

ANSELM GRÜN

Die Fastenzeit ist eine Trainingszeit. Wir trainieren unsere innere Freiheit. Zum Beispiel, indem wir darauf verzichten, jedes Bedürfnis nach Essen sofort zu stillen. Das gilt jedoch auch für andere Bereiche. Wir kommen unseren Unfreiheiten am besten auf die Spur, indem wir uns fragen: Wovon bin ich abhängig? Brauche ich beispielsweise wirklich jeden Morgen unbedingt zwei Tassen Kaffee? Die Fastenzeit ist eine Zeit, in der wir unsere Gewohnheiten bewusst überprüfen sollten. Dann werden wir merken, dass es zwar gute Gewohnheiten gibt, die unserem Leben Halt und Struktur geben. Aber es gibt auch solche, die uns beherrschen. Das betrifft nicht nur das Essen. Wir könnten uns auch einmal genau beobachten, wie oft wir nach dem Handy greifen, um irgendwelche Informationen abzurufen. Oder wenn wir im Internet einen Artikel über ein bestimmtes Thema suchen, bleiben wir dann bei anderen Dingen hängen? Wie viel Zeit verbringen wir am Tag damit, im Internet zu surfen?

Häufig steckt aber noch mehr hinter diesen Gewohnheiten, die wir oft genug eigentlich gerne ablegen möchten, was uns jedoch nur schwer oder gar nicht gelingt. Wenn wir damit Schwierigkeiten haben, etwas zu lassen, können wir uns die Frage stellen: Was passiert denn, wenn ich meine Gewohnheit aufgebe, im Internet zu surfen oder vor dem Fernseher durch die Programme zu zappen? Taucht da in mir innere Leere auf? Ist also die Gewohnheit sozusagen nur ein »Lückenfüller«, weil ich nichts mit meiner Zeit, mit mir selbst anzufangen weiß? Kann ich vielleicht auch die Gefühle nicht aushalten, die auftauchen, wenn ich mich mit mir selbst beschäftigen muss?

Manche Gewohnheiten sind aber auch einfach nur etwas, an das wir uns, wie das Wort schon sagt, gewöhnt haben. Indem ich verzichte, erkenne ich meine Abhängigkeit. So kann ich unterscheiden, welche Gewohnheiten mich unfrei machen und welche mir helfen, meinen Tag angenehm zu gestalten. Zugleich aber übe ich mich im Verzichten ein in die innere Freiheit. Wenn ich die Fastenzeit bewusst als Training für die innere Freiheit nutze, dann werde ich mich am Ende der Fastenzeit wirklich freier fühlen. Ich kann dann entscheiden, welche »Trainingseinheiten« zur inneren Freiheit ich weiterhin üben möchte und wo ich mir bewusst auch wieder manche Gewohnheiten gönne. Das Training hat mir dann gezeigt, welche Gewohnheiten mir guttun und welche mir eigentlich schaden. Wenn wir die Fastenzeit mit dem Bild des Sportlers angehen, der sich in diesen vierzig Tagen in mehr Freiheit üben will, dann verliert die Fastenzeit das Bedrückende, dann bekommt sie den Geschmack von Leichtigkeit und Freude.

Im Licht des Fastens entfaltet sich ein Weg zur inneren Freiheit. Dieser Weg ist eine Einladung, nicht nur die Tassen mit Tee oder die Brotscheiben zu zählen, sondern auch die Gedanken, die in uns kreisen – unbemerkt, wie Staub, der sich in den Ecken unserer Seele ansammelt. Während der Fastenzeit werden wir herausgefordert, unsere Abhängigkeiten und Gewohnheiten zu betrachten, als wären sie Schatten, die uns begleiten. Wie Pater Anselm Grün es beschreibt, ist diese Zeit eine Art Training, das uns lehrt, die Stimme unserer Abhängig- und Anhänglichkeiten zu erkennen und ihr nicht mehr blind zu folgen.

In jedem Verzicht, den wir üben, wird die Fülle des Lebens sichtbar – und zugleich der Mangel, der in uns wohnt. Der Hunger, der sich zu Beginn vielleicht wie ein bedrohliches Gespenst anfühlt, verwandelt sich in eine Art Lehrer, der uns in die Stille unserer Bedürfnisse führt. Wie oft haben wir im Vorbeigehen gegessen, ohne den Geschmack der Speisen wahrzunehmen? Im Verzicht erkennen wir, dass das Bedürfnis nach Genuss oft von einer inneren Leere getrieben ist, die wir zu füllen versuchen, ohne je innezuhalten. Wir bemerken, dass wir nicht nur körperlich Nahrung zu uns nehmen, sondern auch emotional.

Der Verzicht ist eine Möglichkeit, unsere inneren Abhängigkeiten zu durchleuchten, sich den eigenen Verhaltensmustern zu stellen: Greifen wir im Stress zum Handy, um uns abzulenken? Wie oft sind wir getrieben von der ständigen Suche nach dem nächsten Schlagzeilen-Update? Diese Fragen führen uns in die Stille der Selbstbeobachtung. Im Fasten brechen wir mit der Routine und spüren den Anflug der inneren Leere, die wir mit der Flut von Nachrichten und Informationen oft zudecken. Doch in dieser Leere keimt auch das Potenzial zur inneren Freiheit. Der Verzicht wird zum Werkzeug, um freizulegen, was wirklich zählt. Indem wir uns von unseren Gewohnheiten lösen, lernen wir, mit den stillen Wünschen und Sehnsüchten in Kontakt zu kommen, die in der Hektik des Lebens oft untergehen oder die wir bewusst unterdrücken, wegdrücken, weil sie unser Leben auf den Kopf stellen würden, wenn wir ihnen folgten. Es geht darum, die eigenen Gewohnheiten und Selbstverständlichkeiten infrage zu stellen.

Vor allem innerhalb der islamischen Mystik wird das Fasten als Selbstdisziplinierung begriffen, als eine Schule, in der man sich für sich selbst durchsichtig macht. So wächst in uns ein Bewusstsein dafür, was wir essen, wie viel Zeit wir mit bestimmten Dingen verbringen oder wie wir unsere Gedanken lenken, und dass dieses Tun nicht mehr von einem unbewussten Automatismus geleitet wird. Wir lernen, die Macht über unser Leben zurückzugewinnen, indem wir die Ketten der Gewohnheit zerreißen. Jedes Mal, wenn wir uns entscheiden, das gewohnte Muster zu durchbrechen, spüren wir diese Freiheit.

So zeigt uns das Fasten, dass Freiheit nicht im Überfluss zu finden ist, sondern im bewussten Verzicht. So kann es gelingen, die Tür zu den alten Gewohnheiten zu schließen und das Licht der inneren Klarheit einzulassen. Wenn die Fastenzeit endet, nehmen wir diese neu gewonnene Freiheit mit in den Alltag. Wir sind nicht mehr nur Konsumenten, sondern wache Menschen, die erkennen, dass die Freiheit, die wir suchen, oft im einfachsten Verzicht verborgen liegt.

7

Selbstbegegnung

AHMAD MILAD KARIMI

Im Fasten, wie es der Islam kennt, begegnen wir uns selbst – nackt, ohne Masken, den Blick ungeschützt auf unser Inneres gerichtet. Fasten bedeutet also eine Begegnung mit dem, was uns im Alltag verborgen bleibt: Gier, Ängste, Sehnsucht nach Kontrolle und das Bedürfnis, festzuhalten an allem, was uns Halt gibt. Doch was bleibt, wenn wir den Tag mit leerem Magen und durstigen Lippen durchschreiten? Was offenbart sich, wenn die äußeren Bedürfnisse zurücktreten und der innere Mensch in den Vordergrund rückt?

Pater Anselm spricht von der Wüste als Ort der Versuchung und der radikalen Selbsterkenntnis. Auch Muslime betreten, wenn sie fasten, eine solche Landschaft. In der Wüste des Fastens begegnen wir unseren eigenen Dämonen – jenen inneren Stimmen, die uns drängen, zu nehmen, zu haben, zu konsumieren, immer mehr. Wenn der Prophet Muhammad sagt: »Das Fasten ist ein Schutz«[3], so bedeutet dies, dass wir durch den Verzicht auf Nahrung, auf Trinken und auf das, was uns sonst so selbstverständlich erscheint, eine Mauer errichten gegen das, was uns innerlich zerrüttet. Doch diese Mauer ist nicht aus Stein; sie ist aus Achtsamkeit gebaut, aus der Demut, die sich aus der Einsicht speist, dass wir nicht über alles verfügen können, dass nicht alles uns gehört.

Die Wüste des Fastens zwingt uns, uns einzugestehen, dass unser Dasein fragil ist, dass wir das Leben nicht im Griff haben. Der Hunger erinnert uns an unsere Begrenztheit, der Durst an unsere Zerbrechlichkeit. Wir begegnen im Fasten unseren Versuchungen: dem Drang, uns über andere zu erheben, zu besitzen, zu konsumieren. Wir erfahren aber dann auch eine Entleerung. Diese ist notwendig, um die Fülle zu erkennen, die uns umgibt. Solange unser Herz mit Gier und Begierde erfüllt ist, bleibt kein Raum für das Wesentliche. Der Islam fordert uns auf, diesen Versuchungen mit Geduld zu begegnen, mit der ruhigen Gewissheit, dass das Fasten uns lehren kann, was wirklich von Wert ist.

Fasten im Islam ist ein Spiegel unserer inneren Welt. Es ist die Zeit, in der wir den Mut aufbringen, uns selbst zu begegnen, ohne die Maske der Selbstsicherheit, ohne die Ablenkungen, die uns vom Wesentlichen fernhalten. Es ist eine Begegnung mit unserer Schwäche, aber auch mit unserer Stärke, die aus der Erkenntnis kommt, dass wir in unserer Bedürftigkeit von Gott gehalten werden. Diese Begegnung mit uns selbst verwandelt uns. Nicht durch äußere Anstrengung, sondern durch die innere Bereitschaft, das eigene Ego zu durchleuchten und es loszulassen. Der Durst wird zum Lehrer, der Hunger zur Erinnerung, dass wir mehr sind als nur unser Verlangen. Im Fasten erlangen wir Klarheit – nicht nur über das, was uns anzieht, sondern über uns selbst. Und wenn der Tag zu Ende geht, wenn das Fastenbrechen naht, dann spüren wir, dass wir nicht nur auf Essen verzichtet haben, sondern auf alles, was uns von uns selbst trennt.

ANSELM GRÜN

Für die frühen Mönche, die in der ägyptischen Wüste lebten, war die Wüste der Ort der Dämonen, das meint, ein Ort, an dem der Mönch mit seinen Leidenschaften in Berührung kam und der eigenen Wahrheit ausgesetzt war. Sie gingen ganz bewusst an diesen unwirtlichen Ort, um eben jene Dämonen zu besiegen und die Dunkelheit der Welt mit dem Licht Christi zu erleuchten. Sie glaubten, dass sie damit nicht nur für sich persönlich einen Sieg errangen, sondern auch einen Beitrag zur Verwandlung der ganzen Welt leisteten. Denn wenn es gelingt, den Dämonen dort, wo sie am mächtigsten sind, die Herrschaft streitig zu machen, dann wird sich die ganze Welt verändern. Dann ist die Macht der Dämonen auch für die anderen Menschen gebrochen. Und wenn der dunkelste Ort der Welt vom Licht Christi erfüllt wird, dann wird die ganze Welt ein wenig heller.

In der Wüste untersuchten die Mönche ihre Seele und hielten sie Gott hin, damit das göttliche Licht in alle ihre Abgründe eindringen konnte. Das Ziel des Wohnens in der Wüste war, dass die Mönche im Gebet eins werden mit Gott. Sie nannten und nennen es Kontemplation: das Schauen des inneren Lichtes, das Schauen Gottes auf dem Grund der Seele.

Jesus hat in der Wüste gefastet und wie die Wüstenmönche hier die innere Gefährdung gespürt, wenn man sich in den Bereich der Dämonen hineinwagt. Die Wüste war auch für ihn der Ort radikaler Selbsterkenntnis. Das wird sichtbar in den Versuchungen, in die ihn der Teufel führt: »Als er vierzig Tage und vierzig Nächte gefastet hatte, hungerte ihn. Da trat der Versucher an ihn heran und sagte: Wenn du Gottes Sohn bist, so befiel, dass aus diesen Steinen Brot wird« (Matthäus 4,2f).

Diese erste Versuchung besteht nicht nur darin, dass Jesus seine Macht nutzt, um nicht mehr hungrig sein zu müssen. Vielmehr steckt dahinter auch für heute die Versuchung, alles zu konsumieren, alles zu einem bestimmten Zweck zu tun, von allem etwas »haben« zu wollen. Steine waren in der Antike oft heilige Gegenstände. Das ist eine Versuchung, der wir heute häufig begegnen: Wir wollen das Heilige nicht gelten lassen als etwas, das unserem Zugriff entzogen ist. Wir wollen alles besitzen und benutzen. Ein Beispiel dafür wäre, dass viele Menschen in Kirchen gehen, aber keinen Sinn für das Heilige haben. Sie möchten die Kirche als Museum sehen, das ihnen gehört. Sie glauben, sie können sich so benehmen, wie sie wollen, und zeigen keinen Respekt mehr vor dem heiligen Ort. Es geht ihnen nicht mehr darum, in der Kirche dem umbauten Glauben zu begegnen, sondern einer Ästhetik, die sie genießen wollen wie ein gutes Essen.

In der zweiten Versuchung im Matthäusevangelium sagt der Teufel zu Jesus, er solle von der Zinne des Tempels springen, um zu beweisen, dass er Gottes Sohn ist. Dahinter steht die Versuchung der Grandiosität, die uns die Spiritualität verspricht. Wir wollen unsere Spiritualität dazu missbrauchen, uns über andere zu stellen, etwas Besonderes zu sein, von allen bewundert zu werden. Der Teufel missbraucht in Matthäus 4,6 sogar ein Wort aus der Bibel, um Jesus diese Versuchung schmackhaft zu machen: »Denn es heißt in der Schrift: Seinen Engeln befiehlt er, dich zu behüten, und sie werden dich auf ihren Händen tragen, damit dein Fuß nicht an einen Stein stößt« (Matthäus 4,6 = Psalm 91,11f). Doch Jesu durchschaut ihn und widerspricht dem Teufel mit einem anderen Wort aus der Bibel: »Du sollst den Herrn, deinen Gott, nicht auf die Probe stellen« (Matthäus 4,7 = Deuteronomium 6,16).

Die dritte Versuchung ist die zur Macht. Doch die Macht, die der Teufel Jesus hier anbietet, wäre erkauft durch einen Pakt, in dem Jesus einwilligt, den Teufel anzubeten. Jesus weist auch das zurück. Die Versuchung ist uns aber auch heute noch vertraut. Das betrifft nicht nur nach außen hin mächtige Menschen, die ihre Macht missbrauchen, indem sie andere kleinmachen. Es geht auch um die Machtspiele, die wir in Begegnungen, Beziehungen und Gruppen nutzen. Dazu gehören ein schlechtes Gewissen und Schuldgefühle ebenso wie subtile Formen der Aggression und Manipulation.

Die Fastenzeit führt uns wie Jesus in die Wüste. Dort begegnen wir unserer eigenen Wahrheit. Und wir begegnen den Versuchungen, die uns davon abhalten wollen, so zu leben, wie es unserem Wesen entspricht. Die Versuchungen gehören zur Selbstbegegnung. Wir begegnen unseren Stärken und unseren Schwächen, unseren Chancen, aber auch den Gefährdungen. Denn sowohl in der Wüste wie im Fasten geben wir den Schutz auf, mit dem wir uns sonst oft vor der eigenen Selbstbegegnung schützen, wenn wir mit vielen Aktivitäten die innere Leere zustopfen. Die Leere der Wüste hält uns die eigene Leere vor Augen. Statt vor ihr zu fliehen, stellen wir uns im Fasten der eigenen Wahrheit und wagen es, schonungslos uns selbst zu begegnen.

8

Wachsamkeit

ANSELM GRÜN

Im Mönchtum spielte das Fasten immer schon eine große Rolle. Dabei stand nicht die körperliche Dimension des Verzichts im Vordergrund, sondern eher die spirituelle Wirkung dieser Übung. Denn das Fasten unterstützt die Mönche dabei, ihre innere Wachheit Gott gegenüber durchzuhalten. Es schafft die Voraussetzung, dass der Mönch auch nachts vor Gott wachen kann. So erklärt der syrische Mönch Isaak von Ninive in seinem Werk *De perfectione religiosa* aus dem 7. Jahrhundert: »So wie das Licht eine Freude ist für ein gesundes Auge, so ist mäßiges Fasten eine Voraussetzung für das Gebet. Tatsächlich wird man, sobald man begonnen hat zu fasten, unmittelbar im Geiste gedrängt, mit Gott ins Gespräch einzutreten. Ein Körper, der fastet, kann es nicht ertragen, die ganze Nacht auf seinem Lager zu verbringen, denn das Fasten drängt ganz naturgemäß dazu, in Gesellschaft Gottes zu wachen, nicht nur bei Tag, sondern sogar des Nachts. Der Leib eines Menschen, der fastet, hat keine große Mühe, gegen den Schlaf anzukämpfen. So schwach seine Sinne auch sein mögen, wacht doch zumindest das Herz: Es ruft nach Gott.« Das Fasten unterstützt das Beten während der Nachtwache und hält den Mönch wach, damit er sich ganz und gar auf Gott ausrichtet.

Das Beten in der Nacht hat für die Mönche aber noch eine andere Bedeutung. Sie wollen nicht nur wach bleiben und werden für den gegenwärtigen Gott. Das Wachen ist auch ein Zeichen für das Warten auf das Kommen Jesu Christi am Ende der Welt. Das liegt in dem Wort Jesu aus Matthäus 9,15 begründet, mit dem er auf die Frage der Pharisäer antwortet, warum seine Jünger nicht fasten: »Können denn die Hochzeitsgäste trauern, solange der Bräutigam bei ihnen ist? Es werden aber Tage kommen, da wird ihnen der Bräutigam weggenommen sein; dann werden sie fasten.« Im Fasten erwarten die Mönche also das Kommen dieses Bräutigams. Gemeint ist damit das mystische Kommen Jesu in unser Herz in jedem Augenblick, aber auch am Ende der Welt, da Jesus mit uns allen Hochzeit hält, uns in das Einswerden mit Gott hineinführt. Fasten und Nachtwachen gründen auf einer Mystik der Erwartung des Herrn. Das Fasten ist gleichsam der Ruf, den die Christen an Christus richten, er möge zu ihnen kommen wie ein Bräutigam, der ihre Sehnsucht nach dem Einswerden in der Liebe erfüllt.

AHMAD MILAD KARIMI

Die Nacht im Ramadan ist nicht bloß eine Verlängerung des Tages. Sie ist eine Einladung, in die Tiefe zu gehen, die Dunkelheit als Raum der Einkehr und des Gebets zu betreten. Während sich die Welt zur Ruhe legt, erwachen jene, die sich dem Gebet widmen, in einer Stille, die eine andere Qualität hat als die Stille des Tages. Eine Stille, in der das Herz spricht und die Seele lauscht. Der Prophet selbst hat uns gelehrt, dass das Gebet in der Nacht von einer besonderen Bedeutung ist, dass jene, die wachen, in der Nähe Gottes verweilen.

In den Nächten des Ramadans versammeln sich die Gläubigen, um die langen Kapitel des Korans zu rezitieren, sodass am Ende des Fastenmonats der Koran insgesamt hörbar geworden ist. Es ist die Zeit der sogenannten *tarāwīḥ*-Gebete, bei denen die Worte Gottes wie sanfter Regen auf die Seelen fallen. Jedes Wort, jede Rezitation baut ein Stück mehr an der Brücke zwischen Himmel und Erde. Dieses Wachen in der Nacht des Ramadans ist von einer besonderen Gnade erfüllt: Wer dies mit reinem Herzen tut, erlangt Vergebung für seine Verfehlungen. Es ist ein Moment der Intimität, in dem die Seele ausruht, während der Körper im Gebet verharrt.

Das Wachen ist nicht nur ein physischer Akt des Verzichts auf Schlaf, sondern auch ein Aufruf zur inneren Wachsamkeit. Das Fasten ist dabei eine Vorbereitung auf das Gebet, ein Mittel, die Sinne zu schärfen und das Herz für die Begegnung mit Gott zu öffnen. Auch im Islam wird diese Verbindung zwischen Fasten und Beten besonders in der Nacht deutlich. Denn wer fastet, trägt weniger an der Schwere des Körpers und spürt mehr die Leichtigkeit der Seele, die nach dem Göttlichen strebt.

Die Nächte des Ramadans sind erfüllt von einer Erwartung – nicht anders als bei den Mönchen, die in der Nacht das Kommen Christi erwarten. Auch wir Muslime erwarten in der

Dunkelheit das Licht der Erkenntnis, die Nähe zu Gott. Jede Nachtwache wird zum Warten, Innehalten, Anklopfen an die Tore der göttlichen Barmherzigkeit. Die Dunkelheit ist dabei ein Verbündeter, denn sie lässt die inneren Lichter leuchten. Jedes Gebet, jede stille Bitte erhebt sich wie ein zarter Schimmer in der Nacht. Manchmal fühlt es sich an, als wären wir allein in diesem Ozean der Nacht, doch im Glauben wissen wir, dass uns Gott in diesen Momenten am nächsten ist. Diese Gegenwart Gottes, unsichtbar, aber spürbar, wird in der Nacht umso deutlicher.

Das Wachen in der Nacht des Ramadans ist auch eine Übung in Geduld und Ausdauer. Denn es stellt sich Müdigkeit ein, der Körper verlangt nach Schlaf, doch das Herz ruft nach Gott. Es ist diese Spannung zwischen den Bedürfnissen des Körpers und den Sehnsüchten der Seele, die das Wachen zu einer spirituellen Herausforderung macht. Daher ist das lange *tarāwīḥ*-Gebet, das meist gemeinschaftlich in der Moschee verrichtet wird, keine Pflicht, sondern ein freiwilliges Angebot, den Fastentag in die Gebete der Nacht übergehen zu lassen. Doch gerade in dieser Herausforderung liegt die Tiefe des Glaubens, die uns an die Worte des Propheten erinnert: »Wer im Ramadan mit voller Überzeugung und im Glauben fastet und betet, dem werden seine Sünden vergeben.«[4]

Die Nächte des Ramadans sind erfüllt mit Hoffnung, Bitte, tiefer Einkehr. Während die Welt schläft, erhebt sich der Fastende, um vor seinem Herrn zu stehen. Die Welt mag ruhen, doch das Herz bleibt unruhig, weil es die Gegenwart Gottes sucht. Im Koran heißt es: »Und in einem Teil der Nacht bleibe bei ihm wach als eine zusätzliche Tat für dich, damit dich vielleicht dein Herr erweckt zu einem Rang, einem lobenswerten!« (Koran 17,79). Diese Worte spiegeln die Bedeutung der Nachtwache wider: Sie ist ein freiwilliges Gebet, eine Form der Hingabe, die über das bloße Erfüllen der Pflicht hinausgeht. Sie ist ein Akt der Liebe. Das Gebet in der Nacht ist wie ein leiser Dialog mit dem Schöpfer, ein Gespräch, in dem wir unsere tiefsten Ängste, Hoffnungen und Sehnsüchte vor Gott ausbreiten, in der Gewissheit, dass er uns hört, dass er mit uns ist.

9

Lesezeit

AHMAD MILAD KARIMI

Die Fastenzeit ist eine Zeit, in der sich die Tore der Offenbarung weit öffnen und der Koran mit jeder Silbe zum Herzen spricht. Es gehört zu den Ritualen des Ramadans, dass Fastende an jedem Tag ein Kapitel aus dem Koran rezitieren. Dreißig Tage, dreißig Kapitel – eine Reise durch die Worte Gottes, die den Fastenden leiten, durch die Dunkelheiten des Mangels hin zum Licht der inneren Fülle. Im Verzicht auf das Sichtbare liegt das Hören auf das Unsichtbare. Fasten ist nicht nur ein Anhalten des Körpers, sondern eine Bewegung der Seele, die sich bereit macht, offen zu werden für das, was der Augenblick verborgen hält: die Gegenwart Gottes, die in allem atmet und spricht. Wie ein aufgeschlagenes Buch, in dem jedes Wort auf einmal Bedeutung bekommt.

Der Fastende wird Leser – nicht nur des Korans, sondern seiner selbst. Denn die Worte Gottes zielen tief hinein in den Menschen, rufen ihn, sich zu erkennen, sich zu öffnen. Die Tage des Ramadans sind Tage der Einkehr, aber auch des Aufbruchs. In jeder Sure, die rezitiert wird, liegt die Einladung, die eigene Geschichte neu zu schreiben, in den Versen des Buches, in den Geschichten der Propheten die eigenen Gedanken, Zweifel, Hoffnungen zu erkennen.

Fasten ist ein Schweigen, das das Hören möglich macht. Der Prophet Muhammad sagte, dass der Koran der Begleiter des Fastenden sei, ihm am Tag des Gerichts Fürsprache leistend.[5] Diese Fürsprache beginnt schon jetzt, in den leisen Momenten des Tages, wenn das Fasten den Geist klärt und die Seele empfänglicher macht. Die Worte des Korans durchfließen wie ein sanfter Strom unser Inneres, um das, was sonst so fest verhärtet ist, weich zu machen, damit es wieder lebendig wird.

Fastenzeit ist auch Lesezeit. Die Worte des Korans sind der Kompass, der uns einen Weg zeigt durch das Meer unseres Daseins. Wie der Koran selbst uns nahelegt: »Sag: Wäre das Meer die Tinte für die Worte meines Herrn, ja, das Meer würde sein Ende finden, ehe die Worte meines Herrn zu Ende gingen, auch wenn wir noch einmal so viel hinzubrächten« (Koran 18,109). Diese Worte laden uns ein, die unendliche Tiefe der göttlichen Offenbarung zu betrachten, die sich uns in jeder Sure, jedem Vers offenbart.

Im Ramadan wird diese Tiefe zur Einladung, uns selbst neu zu begegnen, indem wir Gott näherkommen. Der Mensch selbst wird zu einem Buch, das Kapitel für Kapitel aufgeschlagen wird. Es gibt Stellen, die uns schwierig erscheinen, andere, die wir voller Freude lesen. Doch immer geht es darum, in diesen Worten etwas von Gottes Gegenwart zu entdecken, etwas von dem Geheimnis, das Er in uns hineingelegt hat. Jedes Jahr ist diese Reise durch den Ramadan anders – aber immer führt sie tiefer, immer führt sie näher an das heran, was wirklich zählt.

Ramadan lädt uns ein, dieses Buch des Lebens in uns zu lesen – aufmerksam, still, offen für das, was Gott in uns zu sagen hat. Im Fasten liegt die Entdeckung, im Schweigen die Offenbarung. Und so wird das Fasten zur Schule des Hörens, zum Raum der inneren Begegnung. Der Prophet Muhammad fastete, um die Nähe Gottes zu spüren – und in dieser Nähe finden auch wir den Schlüssel zu unserem eigenen Herzen.

ANSELM GRÜN

Benedikt gibt in seiner Regel eine Anweisung für die Fastenzeit: »In den Tagen der Fastenzeit aber sollen sie vom Morgen bis zum Ende der dritten Stunde für ihre Lesung frei sein. Dann verrichten sie bis zum Ende der zehnten Stunde, was ihnen aufgetragen wird. In diesen Tagen der Fastenzeit erhält jeder einen Band der Bibel, den er von Anfang bis Ende ganz lesen soll. Diese Bände werden zu Beginn der Fastenzeit ausgegeben« (Regel Benedikts 8,14–16). Die Mönche sollen also die Fastenzeit dazu nutzen, besonders intensiv ein biblisches Buch von Anfang bis zum Ende zu lesen. Lesen bedeutete zur Zeit Benedikts für die Mönche mehr als Studieren. Sie lasen laut. Und sie hatten für das Lesen der Bibel eine eigene Methode entwickelt: die *lectio divina*. Sie kennt vier Schritte:

1. Die *Lectio*: Ich lese den Text, aber ich lese nicht, um mein Wissen zu erweitern, sondern ich lese – wie Papst Gregor

sagt –, um in Gottes Wort Gottes Herz zu entdecken. Ich lese, um mich berühren zu lassen von den Worten, ja von Gott selbst, der in diesen Worten zu mir spricht.

2. Die *Meditatio:* In der *Meditatio* wiederhole ich einzelne Worte, versuche sie zu »schmecken«, immer tiefer in mich eindringen zu lassen. Ich sage mir die Worte immer wieder vor und frage mich: Wenn dieses Wort stimmt, wenn dieses Wort die eigentliche Wahrheit ist, wie fühle ich mich dann, wer bin ich dann und wer ist Gott für mich?

3. Die *Oratio:* Die *Meditatio* weckt meine Sehnsucht nach Gott. In der *Oratio* bitte ich ihn in einem kurzen Gebet, dass er meine Sehnsucht erfüllen möge.

4. Die *Contemplatio:* Das heißt für die Mönche, nicht mehr über die Worte nachzudenken, sondern sich vom Wort der Bibel in den wortlosen Grund der Seele hineinführen zu lassen, in dem Gott selbst wohnt. Sie versuchen, im Schweigen eins zu werden mit dem Gott, der in ihnen ist.

Heute haben wir im Kloster die Gewohnheit, dass der Abt oder Prior am Anfang der Fastenzeit gute spirituelle Bücher auslegt, die sich die Mönche nehmen und lesen und meditieren können. Auch für die Menschen außerhalb des Klosters wäre die Fastenzeit eine gute Gelegenheit, sich bewusst ein gutes Buch auszusuchen. Das kann ein biblisches Buch sein, aber auch ein spirituelles. Auf jeden Fall könnte man so die Zeit, die man beim Essen einspart, sinnvoll für das Lesen nutzen. Dabei geht es nicht so sehr darum, Information aufzunehmen oder zu sammeln, sondern um das Reinigen der eigenen Seele. Dazu gibt es eine schöne Geschichte aus der Tradition der Wüstenväter: Ein junger Mönch kam zu einem Abba mit der Bitte um Hilfe. Er erzählte ihm, dass er zwar viel lese, aber nichts davon behalten könne. Also befahl ihm der Mönchsvater, er solle einen Korb mit Wasser füllen, und das fünfmal hintereinander. Der Korb konnte natürlich das Wasser nicht halten. Aber der Mönchsvater sagte ihm: »Siehst du den Korb? Er ist gereinigt durch das Wasser, das hindurchgegangen ist.« So reinigen uns die Worte, die wir lesen, auch wenn wir sie nicht alle behalten können.

10

Wesentlich werden

ANSELM GRÜN

Die Fastenzeit will uns dazu einladen, über das Wesentliche nachzudenken. Worum geht es in meinem Leben? Was möchte ich anderen mit meinem Leben vermitteln? Was ist die Botschaft, die ich den Menschen in meiner Umgebung nicht nur durch mein Sprechen, sondern durch mein ganzes Wesen verkünden möchte? Was ist der Sinn meines Lebens? Wer bin ich und wer möchte ich sein? Die Fastenzeit ist eine gute Gelegenheit, die Maßstäbe, nach denen ich im Alltag lebe, zu überprüfen. Stimmen sie noch für mich? Oder habe ich einfach nur von außen übernommen, was von mir erwartet wurde? Lebe ich an meiner Wahrheit vorbei? Bin ich blind geworden für meine eigentlichen Ziele, für den wahren Sinn meines Lebens?

In dieser Zeit fällt manches Äußere weg, wir streichen vielleicht auch manche Termine ganz bewusst, damit wir mehr Zeit finden, über unser Leben nachzudenken. Die Besinnung auf das Wesentliche, auf das, was mich ausmacht, verlangt die Bereitschaft, die eigene Wahrheit ehrlich anzuschauen. Zu mancher Zeit ist das Essen im Alltag auch eine Art Flucht. Wir stopfen uns und damit auch unsere innere Wahrheit zu und gehen ihr aus dem Weg. Im Fasten lassen wir all diese Fluchtmechanismen los. Da stellen wir uns dieser Wahrheit. Es braucht Ehrlichkeit, um diese dann auch anzunehmen und auszuhalten. Denn die Wahrheit über uns reißt uns die Masken vom Gesicht, hinter denen wir uns oft verstecken. Sie zerstört die Illusionen, die wir von uns haben, dass wir nur gut sind und nur voller Liebe. Das Fasten zeigt uns, dass dahinter oft genug egoistische Ziele stecken. Wir wollen nach außen hin das Bild eines liebenden und selbstlosen Menschen abgeben. Doch hinter der Fassade der Selbstlosigkeit steckt doch das Bedürfnis, uns über andere zu stellen, uns als besonders spirituelle Menschen zu fühlen. Wir sind uns selbst gegenüber nicht ehrlich. Wir machen uns etwas vor. Wir meinen, gut zu sein und dem anderen aus Liebe zu helfen. Aber dann entdecken wir, dass wir dadurch das eigene Bedürfnis nach Zuwendung und Liebe ausagieren. Wir machen auch anderen etwas vor. Wir erscheinen als selbstlose Helfer, aber in der eigenen Familie leben wir unsere Schattenseiten aus, da verhalten wir uns autoritär gegenüber den anderen.

Besinnung auf das Wesentliche bedeutet aber noch etwas anderes. Das lateinische Wort für Wesen ist *essentia*. Das bedeutet eigentlich: das Sein. Lukas erzählt in seinem Evangelium, dass Jesus mit Vollmacht gesprochen hat (Lukas 4,32). Das griechische Wort *exousia* für Vollmacht meint eigentlich: aus dem Sein heraus. Er hat nicht über Gott gesprochen, sondern so, dass Gott erfahrbar wurde, dass Gott einfach da war. Das Fasten will uns zu unserem wahren Sein führen und uns

Wesentlich werden

befähigen, so von Gott zu sprechen, dass Gottes Sein spürbar wird, dass unsere Worte Gott entsprechen und sein Wesen zum Ausdruck bringen.

AHMAD MILAD KARIMI

Es gibt Zeiten, da suchen wir nach dem, was wesentlich ist, was uns wirklich wichtig ist, und dennoch bleibt uns das Ziel verborgen. So vieles tritt in unser Leben, was uns fasziniert, was uns glauben lässt, wir hätten gefunden, wonach wir suchen. Das Fasten lädt uns ein, uns von dem Ballast zu trennen, der uns den Blick auf das Eigentliche verstellt. Das Fasten ist daher auch die bewusste Abwendung von allem, was unsere Herzen verstellt, ein Ruf, uns von den Täuschungen und Lebenslügen zu befreien.

Im Islam liegt die Besinnung auf das Wesentliche nicht in der Abkehr von der Welt, sondern im Finden des rechten Maßes. Was uns umgibt, ist nicht ohne Bedeutung, aber der Sinn liegt tiefer. Es geht darum, innezuhalten und zu spüren, wie sehr das Übermaß an Dingen uns gefangen nimmt. Wenn wir fasten, erkennen wir: Der Verzicht bewirkt, dass wir klarer sehen. Es ist der Weg zurück zu einem einfachen, ehrlichen Leben, das die Verbindung zwischen Körper und Seele, zwischen dem, was wir vorgeben zu sein, und dem, was wir eigentlich sind, aufhebt.

Auch im Islam geht es darum, durch die äußere Entbehrung eine innere Haltung zu erlangen, die man als eine Übung des Herzens begreifen kann. Denn nur wer sein Herz reinigt, kann sich dem Wesentlichen nähern. Doch das Wesentliche, das wir suchen, entzieht sich oft unserer direkten Einsicht. Es bleibt ein Mysterium, und gerade die Tatsache, dass wir es nicht greifen können, zwingt uns zu einer immerwährenden Suche. Diese Suche ist keine Verirrung, sondern der Kern unseres Menschseins. Denn wie könnten wir in der Fülle der Welt erkennen, was wirklich zählt, ohne die Übung der Entbehrung, ohne den Moment, in dem wir nichts haben und doch alles besitzen? Fasten bedeutet, den Vorhang zwischen uns und dem Wesentlichen zu lüften, zu erkennen, dass das, was uns vollständig erscheint, oft nur eine Schicht der Illusion ist.

So ist der Weg zur Besinnung auf das Wesentliche nicht in einem einzigen Schritt getan. Es ist ein Prozess des Loslassens und Wiederfindens. Wie der Prophet lehrte, dass der wahre Reichtum nicht im Besitz der Dinge liegt, sondern im Reichtum des Herzens, so ist auch das Wesentliche nicht das, was uns die Welt bietet, sondern das, was in uns lebt, verborgen und doch gegenwärtig, so wie sich Gott selbst im Koran beschreibt, »der Offenbare und der Verborgene« zu sein (vgl. Koran 57,3).

Im Fasten erfahren wir diese paradoxe Wahrheit: Indem wir verzichten, gewinnen wir. Indem wir uns leeren, werden wir gefüllt. Und indem wir uns von dem lösen, was uns bindet, werden wir frei. Das Wesentliche ist nicht immer greifbar, aber es ist das, was uns am Ende durch jede Prüfung trägt, was bleibt, wenn alles andere verschwunden ist. In diesem Sinn ist das Fasten nicht nur eine körperliche Übung, sondern ein geistiger Aufstieg. Es lässt uns die Lasten abwerfen, die uns in der Welt festhalten, und führt uns näher zu dem, was wirklich trägt.

11

Buße

AHMAD MILAD KARIMI

Buße im Islam ist ein stiller Ruf der Seele, kein Schrei, der nach außen dringt, sondern eine sanfte Stimme, die uns mahnt, innezuhalten, uns zu besinnen, unsere Schritte zu überdenken, um auf den geraden Weg zurückzukehren. Buße meint hier nicht Strafe, nicht Verurteilung, sondern Weg der Heilung, Möglichkeit, das Leben neu zu ordnen, uns selbst zu begegnen in einem Zustand der Offenheit und Bereitschaft, uns zu verbessern. Im Islam liegt in der Buße die Kraft der Erneuerung, der Neuausrichtung, die uns befähigt, das, was uns von Gott entfernt, zu erkennen und zu überwinden. Es gibt keine ausdrückliche Praxis der Buße. Die Buße wird als Umkehr (*tawba*) verstanden, die mit Erkenntnis zusammenhängt.

Im Fasten liegt die Chance der Umkehr, denn es bringt uns an die Grenzen unseres Alltags, löst uns aus der Verstrickung der Gewohnheiten. Der Hunger ist nicht nur das Zeichen eines Mangels, sondern ein Spiegel unseres inneren Zustands. Er zeigt uns auf, wo wir im Übermaß gelebt haben, wo wir

65

das Maß verloren haben – in Worten, Taten, in Gedanken. Das Fasten zwingt uns, diese Grenzen zu erkennen und zu akzeptieren. Es ruft uns auf, umzukehren, es besser zu machen, aber nicht durch einen einzigen starren, äußeren Akt, sondern durch einen tiefen inneren Wandel. Damit wird die Umkehr zur Rückkehr zur Einheit, zur Erkenntnis, dass wir aus dem Einen stammen und zu Ihm zurückkehren.

Im Fasten erleben wir diese Umkehr als ein kontinuierliches Bemühen, uns selbst zu prüfen. Es ist ein Prozess, der uns von falschen Prioritäten befreit. Fasten und Umkehr gehen Hand in Hand – denn im Verzicht erkennen wir die Fülle, die wir in Gottes Nähe finden können. Die Umkehr ist ein Prozess, der Geduld und Hingabe erfordert, aber in dem die Barmherzigkeit Gottes immer gegenwärtig ist. Dies ist der Trost, dass wir, egal wie weit wir uns von uns selbst, von Gott entfernt haben mögen, immer die Möglichkeit haben, zurückzukehren. Und auch, dass Er sich niemals von uns entfernt. Daher stiftet die Umkehr die Einsicht, dass die Tür Gottes immer offen ist.

Im Islam bedeutet Buße zudem einen Moment des Innehaltens, in dem wir das, was uns umgibt, mit anderen Augen betrachten. Wir erkennen, dass unser Streben nach Vergnügen, nach Besitz, nach Macht uns von dem entfernt, was wirklich zählt. Die Fastenzeit gibt uns die Möglichkeit, uns aus diesen Bindungen zu lösen, unser Leben Gott hinzuhalten. Daher sind die meisten muslimischen Mystiker davon überzeugt, dass der Beginn des spirituellen Wegs in der Umkehr liegt, das heißt in der Erkenntnis, dass wir unser Leben ändern wollen.

Buße ist nicht nur eine Reaktion auf das, was wir falsch gemacht haben, sondern eine bewusste Entscheidung, unser Leben neu auszurichten, uns im Guten zu üben. Es ist der Weg, auf dem wir uns selbst erkennen, unsere Schwächen annehmen und uns bemühen, sie zu überwinden.

ANSELM GRÜN

In der christlichen Tradition wird die Fastenzeit als Bußzeit verstanden. Das deutsche Wort »Buße« hat seine Wurzel im Wort »besser«. Buße bedeutet, dass ich es besser machen möchte als bisher, dass ich besser und authentischer leben möchte. Wenn wir Buße in diesem Sinn verstehen, dann verliert das Wort den oft als pessimistisch oder bedrückend empfundenen Charakter.

Allerdings verstanden die Mönchsväter die Buße schon so, dass sie zuerst ihre Sünden erforschen sollen und dann dafür Buße leisten. Das hatte manchmal den Geschmack von Leistung, auch von Sühne und Wiedergutmachung. Biblisch verstand man das Fasten als einen Akt, in dem der Mensch sich vor Gott als Sünder bekennt und darin zeigt, dass er an seiner Sünde nicht festhalten will, sondern sich wieder neu Gott zuwenden möchte. So beginnen die Israeliten auf Geheiß Samuels ihre Umkehr mit einem Fasten und mit dem Bekenntnis: »Wir haben vor dem Herrn gefehlt« (1 Samuel 7,6). Die Bewohner von Ninive reagieren auf die Bußpredigt des Jona mit Fasten und erwirken so Gottes Barmherzigkeit (Jona 3,5). Das Fasten wird im Alten Testament als die ehrlichste Form der Buße und Umkehr verstanden, weil der Mensch darin bekennt, dass er das Maß überschritten hat, dass er vor seinem Schöpfer schuldig geworden ist, dass er die Ordnung Gottes mit seiner Sünde übertreten und gestört hat.

Im Deutschen verwenden wir in diesem Zusammenhang vor allem zwei Worte: Buße und Umkehr. Buße bedeutet: etwas besser machen. Umkehr geht von dem Bild aus, dass wir verkehrte Wege gegangen sind, die in die Irre führen. So sollen wir umkehren, die Wege gehen, die Gott uns vor Augen hält. Das griechische Wort, das oft mit Umkehr übersetzt wird, ist *metanoia*. Das bedeutet eigentlich: umdenken. Man kann es auch übersetzen mit: hinter die Dinge schauen. Die Fastenzeit ist die Zeit, in der wir die Sicht auf unser Leben überprüfen, in der wir umdenken, anders denken, so denken, wie es unserer Wahrheit und unserem Wesen entspricht. Viele merken gar nicht, aus welcher manchmal verdrehten Perspektive sie auf ihr Leben schauen. Sie fühlen sich zum Beispiel als Opfer und sehen sich als benachteiligt gegenüber denen an, die Erfolg haben. Der österreichische Arzt und Psychotherapeut Alfred Adler meinte: Wir sind verantwortlich für die Sichtweise, mit der wir auf unser Leben schauen. Wenn es uns schlecht geht, ist oft die falsche Sichtweise daran schuld. Wir sollten stattdessen mit den Augen Gottes auf unser Leben schauen. Dann erleben wir uns selbst anders, unsere Gefühle wandeln sich und wir spüren Hoffnung und Freude.

12

Ohnmacht und Vertrauen

ANSELM GRÜN

Im Fasten schwächen wir unsere Vitalität bewusst, um unser ganzes Vertrauen auf Gott zu setzen. Im Alten Testament werden wir oft gemahnt, wir sollten nicht auf unsere Kraft vertrauen. So finden wir dort auch die Geschichte von Joschafat, der ein Fasten ausrufen lässt, als sich die feindlichen Heere nahen. Anstatt auf die Körperkräfte und auf die gute Ausrüstung seiner Soldaten zu vertrauen, nimmt er Zuflucht zu Gott. Er mindert seine vitale Kraft durch das Fasten, um seinem Glauben Ausdruck zu verleihen, dass Gott allein helfen kann: »Wir sind machtlos vor dieser gewaltigen Menge, die gegen uns zieht und wissen nicht, was wir tun sollen. Nur auf dich sind unsere Augen gerichtet« (2 Chronik 20,12).

In Psalm 147 heißt es: »Keine Freude hat er an der Kraft des Pferdes, kein Gefallen am schnellen Lauf des Mannes. Gefallen hat der Herr an denen, die ihn fürchten, die auf seine Güte hoffen« (Psalm 147,10f). Im Fasten sollen wir unsere Ohnmacht spüren, gewahr werden, dass wir weder unser Leben kontrollieren können noch das der anderen, dass wir also auf Gott angewiesen sind. So sollen wir unser ganzes Vertrauen auf Gott setzen.

Heute setzen viele Menschen dagegen ihr ganzes Vertrauen auf gesunde Ernährung. Sich gesund zu ernähren ist sicher sinnvoll. Wir können unsere Gesundheit aber nicht garantieren. Das Fasten – so sagt die Medizin – fördert unsere Gesundheit. Aber es ist auch keine Garantie dafür, dass wir gesund bleiben.

Warum viele Menschen dennoch an ihre Gesundheit beinahe wie an eine Religion glauben, liegt daran, dass man alles für machbar hält. Manche gehen auch das Fasten mit dieser Haltung an. Doch dann verfälschen sie es. Sie setzen das Fasten ein, um stärker zu werden. Aber das Fasten will uns bewusst in die eigene Ohnmacht führen, damit wir einsehen: Wir können nicht alles, was wir wollen. Dazu habe ich auch eigene Erfahrungen gemacht, zum Beispiel bei meinen Fastenkursen. Oft war es eine wirklich gute Zeit, aber manchmal fiel das Fasten mir auch schwer und ich hatte körperliche Probleme. Vor jedem Fastenkurs vertraue ich mich daher Gott an und bitte ihn, dass er das Fasten segnet. Ich bekenne ihm gegenüber bewusst meine Ohnmacht: Ich kann es nicht. Aber du kannst das Fasten für mich segnen.

So will uns die Fastenzeit einüben in das Vertrauen auf Gottes Güte und uns befreien von dem Druck, unser Leben in jeder Hinsicht kontrollieren zu müssen.

Im Fasten liegt eine Erfahrung der Ohnmacht, eine bewusste Hinwendung zum Unverfügbaren. Wir entziehen dem Körper das, was ihm gewöhnlich Kraft verleiht, nicht aus asketischem Ehrgeiz, sondern um in der Schwäche eine tiefere Quelle des Vertrauens zu finden. Der Verzicht auf Nahrung, auf das, was unser Leben scheinbar stabil hält, führt uns unweigerlich an den Punkt, an dem wir erkennen: Wir halten nicht alles in unseren Händen. In dieser Entblößung liegt eine Chance, eine Einladung, die eigene Ohnmacht anzunehmen und uns in die Hände Gottes zu geben. Das ist nicht leicht. Doch der Koran legt uns ans Herz: »Und wer vertraut auf Gott, dem ist Er Genüge« (Koran 65,3). Dieses Vertrauen (*tawakkul*) ist die Grundlage des Fastens. Es geht nicht nur um die körperliche Disziplin, sondern um die innere Hingabe an das, was uns übersteigt.

Wir sind es gewohnt, unser Leben zu planen, zu gestalten, uns durch unsere Handlungen und Entscheidungen zu definieren. Doch im Fasten erkennen wir die Begrenztheit all dieser Bestrebungen. Die Kontrolle, die wir zu haben glauben, entgleitet uns, und in dieser Ohnmacht beginnt ein anderes Vertrauen zu wachsen, das nicht auf den eigenen Kräften fußt, sondern auf der unerschöpflichen Liebe Gottes.

Pater Anselm spricht davon, dass das Fasten uns lehrt, unsere Kräfte bewusst zu schwächen, um unser Vertrauen ganz auf Gott zu setzen. Auch im Islam finden wir diese Einladung zur Hingabe, zur Aufgabe der Illusion, alles selbst steuern zu können. Das Fasten im Monat Ramadan erinnert uns daran, dass wir nur bedingt über unser Leben verfügen. »Vertraut auf Gott, wenn ihr Gläubige seid« (Koran 5,23) – so erinnert uns der Koran immer wieder daran, dass alle Stärke und alle Führung letztlich von Gott kommt. Im Fasten wird diese Einsicht zu einer gelebten Realität.

In der Schwäche des Fastens liegt die Möglichkeit, eine tiefere Kraft zu finden: die Gewissheit, dass wir getragen werden. Diese Erkenntnis befreit uns von der Last der Selbstkontrolle, von der ständigen Anstrengung, alles perfekt machen zu müssen. Das Fasten führt uns in die Gelassenheit. Das Fasten führt uns dann vielleicht auch in die Erschöpfung, jedoch nicht, um uns zu brechen, sondern um uns daran zu erinnern, dass wir nicht allein sind. In dieser Erschöpfung, in dieser Grenzerfahrung liegt die Möglichkeit der Begegnung mit dem, was uns in unserer Ohnmacht erwartet: die unermessliche Barmherzigkeit Gottes.

Das Fasten ist keine Flucht vor dem Leben, es ist eine Rückkehr zur Wahrheit des Lebens: Wir sind Teil einer größeren Geschichte, die wir nicht vollständig begreifen, aber in die wir uns voller Vertrauen hineinbegeben dürfen. Die Tage des Verzichts sind Tage der inneren Einkehr, des Loslassens, und in dieser Loslösung finden wir die Freiheit, die wir in unserer Stärke niemals erreichen könnten. Gott nimmt uns an, nicht trotz, sondern gerade wegen unserer Ohnmacht. Im Fasten wächst das Vertrauen, dass wir gehalten werden, dass wir geführt werden, auch wenn wir den Weg nicht immer sehen. Es ist ein Vertrauen, das uns die Illusion der Selbstgenügsamkeit nimmt und uns die Fülle der göttlichen Fürsorge zeigt.

13

Das Leben neu ordnen

AHMAD MILAD KARIMI

Im Fasten liegt die Einladung, unser Leben zu klären, es in eine neue Ordnung zu bringen. Mit jedem Tag fällt etwas von dem Ballast, den wir mit uns tragen, ab, und es entsteht Raum für Klarheit, für das Wesentliche, für Gott.

So wie der Prophet uns lehrte, das Herz von Gier und Übermaß zu reinigen, so lehrt uns das Fasten, den Blick nach innen zu wenden, um das zu ordnen, was wir vernachlässigt haben. Denn oft sind es nicht die großen Lasten, die uns niederdrücken, sondern die kleinen Gewohnheiten, die sich eingeschlichen haben und die wir deshalb übersehen.

Ramadan ist eine Zeit der Selbstreflexion. Wenn wir fasten, betreten wir einen Raum, in dem wir die Dinge neu betrachten. Die Hast des Alltags tritt in den Hintergrund, und wir erkennen, wo wir uns verfangen haben – in unnötigen Dingen, in nichtigen Wünschen. Wir können innehalten und uns fragen: Was brauchen wir wirklich? Was haben wir angesammelt, das uns nicht mehr dient? Das Fasten ist eine spirituelle Reinigung, die uns auf das zentriert, was zählt.

Im Islam ist Ordnung nicht nur eine äußere Disziplin, sondern ein innerer Zustand. Unser Leben in Ordnung zu bringen bedeutet, die Harmonie zwischen Körper und Geist, zwischen der Schöpfung und dem Schöpfer wiederherzustellen. Es ist ein Akt der Hingabe, der uns hilft, unseren Platz in der Schöpfung wiederzufinden. Der Koran erinnert uns daran: »In der Erschaffung der Himmel und der Erde und in der Wende von Nacht und Tag sind Zeichen für die Einsichtigen, die gedenken Gottes im Stehen und im Sitzen und liegend auf ihren Seiten, und nachdenken über die Erschaffung der Himmel und der Erde: ›Unser Herr, Du hast das nicht umsonst erschaffen. Preis Dir!‹« (Koran 3,190f)

Sich gegen die Einsicht zu wehren, dass alles selbstverständlich ist, ist eine Haltung des Herzens, die uns im Fasten besonders nahekommt. Daher lehrt uns diese Zeit, das Leben nicht als gegeben hinzunehmen, sondern es als Gabe zu erkennen – als etwas, das uns anvertraut ist, um es zu pflegen und in Einklang mit Gottes Schöpfung zu gestalten. In dieser Haltung wächst das Bewusstsein, dass nichts zufällig ist. Der Hunger, den wir im Fasten spüren, öffnet uns die Augen für die Zerbrechlichkeit und Kostbarkeit des Daseins.

Die Ordnung, die wir im Fasten suchen, ist keine starre, mechanische Abfolge von Handlungen, sondern eine lebendige Beziehung zur Schöpfung und zu Gott. Es geht darum, jeden Augenblick bewusst zu leben, in der Balance zwischen dem, was uns körperlich nährt, und dem, was unsere Seele er-

Das Leben neu ordnen

füllt. Diese Ordnung beginnt im Inneren, in unserem Herzen: »Wahrlich, im Gedenken Gottes finden die Herzen Ruhe« (Koran 13,28). Diese Ruhe hilft uns, auch mit der äußeren Welt in Einklang zu kommen.

So wird das Fasten zu einer Zeit der Neuordnung, in der wir unser Leben wieder auf das Wesentliche ausrichten. Es ist eine Rückkehr zu einem einfacheren, klareren Dasein. Indem wir uns selbst ordnen, ordnen wir auch unsere Beziehungen – zu den Menschen um uns, zur Schöpfung und letztlich zu Gott.

Ramadan ist somit eine Gelegenheit, uns zu prüfen und neu auszurichten, unser Leben von Grund auf zu überdenken: Was hat uns in Unordnung gebracht? Wo haben wir uns von unwesentlichen Dingen leiten lassen? Dieser Prozess ist nicht immer leicht, doch er führt uns zu einer tieferen inneren Ordnung, die uns auch nach dem Ende des Fastens erhalten bleibt.

ANSELM GRÜN

Ich weiß, dass ich nicht das ganze Jahr über diszipliniert sein kann in Bezug auf Essen und Trinken und andere Dinge, die mein Leben bestimmen. Wenn ich an einem Fest teilnehme, möchte ich zum Beispiel keine Kalorien zählen. Und im Urlaub genieße ich die gemeinsamen Mahlzeiten und den Wein, den wir zusammen trinken. Deshalb bin ich jedes Jahr froh um die Fastenzeit, in der ich mein Leben wieder in Ordnung bringe und manche Gewohnheit, die sich eingeschlichen hat und die mir nicht guttut, wieder loslassen kann. Daher ist es gut, sich für die Fastenzeit etwas Konkretes vorzunehmen. Das müssen nicht nur spirituelle Vorsätze sein. Nicht umsonst sprechen wir ja von dieser Zeit auch als vom Frühjahrsputz. In unserer Abtei haben wir das Ritual, dass am letzten Samstag in der Fastenzeit der Abt und der Prior durch die Zimmer der Mönche gehen, um zu sehen, wie sie wohnen, ob sie also in einer Unordnung hausen oder ob ihr Zimmer einigermaßen in Ordnung ist, sodass sie sich darin wohlfühlen können. Selbst wenn wir Mönche nur sehr wenig persönlichen Besitz haben, bekommen wir immer wieder etwas geschenkt und stellen dann unsere Klosterzellen damit voll. Da ist es gut, in der Fastenzeit nicht nur aufzuräumen, sondern bewusst das Zimmer zu entrümpeln, manches zu entsorgen oder weiterzuschenken an Menschen, die es brauchen.

Diese Übung wäre sicher auch für viele Menschen außerhalb der Klostermauern hilfreich. Man kann in der Fastenzeit die Wohnung durchgehen und sich überlegen: Wo sind die Räume zu vollgestellt? Brauchen wir das wirklich alles? Was sollten wir entsorgen, was sollten wir anderen schenken? Das bedeutet auch, sich von manchen Dingen oder auch von Lebensträumen zu verabschieden. Denn mit vielen Dingen verbinden wir etwas, vieles erinnert uns an schöne Erlebnisse oder Unternehmungen, die wir früher gemacht haben. Aber auch das Abschiednehmen macht uns frei vom Hängen an der Vergangenheit. Wenn die Räume leerer werden, fühlen wir uns darin wohler.

Es geht aber auch darum, dass wir unsere Zeit in Ordnung bringen. Haben wir zu viele Verpflichtungen und Termine angenommen? Wo sollten wir uns wieder bewusst Zeit nehmen für uns selbst, für die Stille und für das Gebet, für die Familie, für die Gespräche, in denen wir unsere Beziehung klären kön-nen? Die Fastenzeit ist also eine Möglichkeit, uns im Inneren wie im Äußeren wieder in eine Ordnung zu bringen, die uns guttut und uns Freiheit schenkt.

14

Sehnsucht

ANSELM GRÜN

Benedikt spricht davon, dass wir *cum spiritalis desiderii gaudio*, mit der Freude geistlicher Sehnsucht das Osterfest erwarten sollen (Regel Benedikts 49,7). Es geht in der Fastenzeit also darum, dass wir mit unserer Sehnsucht in Berührung kommen. Der Verzicht ist nicht das erste Ziel. Es geht nicht darum, sich als Hungerkünstler zu präsentieren, sondern im Hunger, den wir spüren, die Sehnsucht wahrzunehmen, die in uns ist. Wir sprechen auch vom Hunger nach Liebe, nach Zuwendung, nach Lebendigkeit. Das Verzichten auf Speise und Trank will uns bewusst machen, wo wir abhängig sind vom ständigen Essen, wo unser Essen und Trinken Suchtcharakter hat. Sucht bedeutet immer verdrängte Sehnsucht. Indem wir den Hunger aushalten, können wir unsere Sehnsucht wieder spüren. Alle Sehnsucht geht aber auch über das Irdische hinaus. Sie zielt letztlich auf Gott.

Jesus spricht in seiner Brotrede davon, dass er den wahren Hunger der Menschen zu stillen vermag:

»Ich bin das Brot des Lebens; wer zu mir kommt, wird nie mehr hungern, und wer an mich glaubt, wird nie mehr Durst haben« (Johannes 6,35). Und etwas später sagt er in der gleichen Rede: »Ich bin das lebendige Brot, das vom Himmel herabgekommen ist. Wer von diesem Brot isst, wird in Ewigkeit leben. Das Brot, das ich geben werde, ist mein Fleisch, für das Leben der Welt« (Johannes 6,51).

Jesus als Person ist das Brot, das vom Himmel herabkommt. Er tritt aus einer anderen Sphäre in unser Leben ein, um uns auf den Himmel, auf die göttliche Dimension hin zu öffnen. Wenn Jesus sagt, dass das Brot, das er uns gibt, sein Fleisch ist, das er für das Leben der Welt hingibt, dann bedeutet das: Erst durch seine Hingabe im Tod wird er für uns zum Brot, das uns ewiges Leben schenkt. Denn in der Hingabe Jesu am Kreuz kommt seine Liebe zu uns zur Vollendung. Letztlich ist es die Liebe, von der wir leben, die unsere tiefste Sehnsucht stillt. So will die Fastenzeit in uns die Sehnsucht nach einer Liebe wecken, die uns wahrhaft nährt.

AHMAD MILAD KARIMI

Im Hunger des Fastens liegt eine tiefe Erkenntnis verborgen: Es ist nicht allein der Verzicht, der uns bewegt, sondern das Aufspüren einer Sehnsucht, die unter all den Bedürfnissen unseres Alltags ruht. Während wir auf das Nötigste verzichten – Nahrung, Trank, die kleinen Gewohnheiten, die uns Halt geben –, offenbart sich eine tiefere Ebene unseres Seins. Diese Ebene ist nicht von der Welt geprägt, sondern durch das, was in uns nach dem Ewigen ruft. Der Hunger, den wir während des Fastens spüren, ist auch Ausdruck einer Sehnsucht, die uns übersteigt. Es ist, als würde der Mangel uns daran erinnern, dass es eine andere Nahrung gibt, nach der unsere Seele sich sehnt.

Der Koran spricht von dieser Sehnsucht: »Wer erwartet das Treffen mit Gott – gewiss kommt die Frist Gottes!« (Koran 29,5). Diese Erwartung vergeht nicht einfach mit der Zeit, sie treibt stattdessen das Herz unaufhörlich an. Sehnsucht, so lehrt uns der Islam, haben wir nicht – wir sind sie. Rumi schreibt: »Ich fragte (Gott): ›Wer bist du?‹, er sagte: die Sehnsucht aller. Ich fragte: ›Wer bin ich?‹, er sagte: die Sehnsucht der Sehnsucht.«[6]

Im Hunger des Fastens spüren wir, wie tief diese Sehnsucht geht, weil sie nicht gestillt werden kann, indem wir uns an Vergängliches klammern. Der Fastende erfährt, dass seine wahre Nahrung nicht von dieser Welt stammt, sondern dass nur die Nähe zu Gott seine Seele erfüllen kann. Es ist eben nicht der Hunger selbst, der die Sehnsucht ausmacht. Vielmehr wird der Verzicht zum Mittel, um die eigentliche Sehnsucht freizulegen, die uns im Alltag unzugänglich ist. Auch im Islam erkennen wir im Fasten die Gelegenheit, zu dieser inneren Sehnsucht vorzudringen. Es ist nicht das Leiden, das im Vordergrund steht, sondern die Erkenntnis, dass all unsere irdischen Begierden letztlich zu Gott führen. Denn Er ist nicht »neben« den Dingen dieser Welt, Er ist der Grund, der alles trägt. Unsere Sehnsucht nach Gott ist nicht vergleichbar mit dem Verlangen nach vergänglichen Gütern; sie ist grundlegend, sie bestimmt unser Wesen.

Rumi, der große Mystiker, schreibt: »Blüht in dir Sehnsucht, sei gewiss: dein Wesen ist die Sehnsucht. Als du zum Geliebten erwählt, wurdest du selbst zur Sehnsucht.«[7] Rumi spielt dabei auf den Koran an, worin hervorgehoben wird, dass Menschen Gott lieben, wie auch Gott den Menschen liebt (vgl. Koran 5,54). Der Hunger, den wir während des Fastens verspüren, wird zum Symbol einer viel tieferen Leere, die nur Gott zu füllen vermag. Denn unser Herz sehnt sich nach dem Einen, der es erschaffen hat. Der Koran führt uns immer wieder zu dieser Erkenntnis zurück: »Wahrlich, Gott, Er ist der unübertreffliche Versorger, voller Macht und Stärke« (Koran 51,58). Diese Versorgung geht weit über das Materielle hinaus; sie spricht unsere tiefste Sehnsucht an – die nach dem Schöpfer.

Das Fasten befreit uns von der Illusion, dass die Welt uns alles bieten könnte, was wir brauchen. Es lehrt uns, dass wir im Innersten nach Gott dürsten. Diese Sehnsucht ist kein Zeichen von Schwäche, sondern der tiefste Ausdruck unseres Glaubens. Denn sie zeigt, dass wir unser Leben nicht in den vergänglichen Dingen finden, sondern in der Hingabe an das, was ewig ist.

15

Geduld

AHMAD MILAD KARIMI

Geduld – ein Wort wie eine Brücke. Es verbindet uns mit dem, was wir erhoffen, zugleich lässt es uns verweilen, wo wir sind. Fasten und Geduld – beide lassen uns stillstehen, wo wir eilen wollen. Sie halten uns an, verlangen unser Ausharren und innere Ruhe. Geduld ist es, die uns die Schwere des Augenblicks tragen lässt, ohne dass wir uns in ihm verlieren. Sie lehrt uns, dass jedes Warten eine Begegnung birgt – vielleicht mit dem, was wir suchen, vielleicht mit dem, was uns sucht.

Im Fasten wird unsere Geduld auf die Probe gestellt. Insofern ist jeder Tag eine Prüfung, ein sanfter Ruf, sich dem Augenblick hinzugeben. Es ist der Verzicht, der uns lehrt, uns zu mäßigen, uns zurückzuhalten – nicht aus Schwäche, sondern aus einer inneren Stärke heraus. Geduld ist im Koran keine passive, fatalistische Haltung, sondern ein aktives Ausharren, ein innerer Weg der Hingabe: »Siehe, Gott ist mit den Geduldigen« (Koran 2,153), hören wir, und darin liegt eine tiefe Verheißung: Wer geduldig ist, trägt Gott in sich, in jedem Atemzug, in jedem Herzschlag.

Geduld ist jedoch keine einfache Haltung, nicht umsonst nennt man sie auch eine Tugend. Sie verlangt von uns – wie das Fasten –, stillzuhalten, während unser Innerstes unruhig drängt, die Welt zu greifen, die Dinge zu verändern. Sie fordert, dass wir das, was wir nicht ändern können, nicht als Last, sondern als Möglichkeit begreifen – eine Chance, zu wachsen und tiefer zu wurzeln. Denn Geduld meint nicht Verzögerung, bedeutet keinen Verzicht auf das Leben, sondern ist vielmehr ein Vertrauen darauf, dass alles zur rechten Zeit seinen Platz findet. So wurde der muslimische Mystiker Schibli (gestorben 946) von einem Mann gefragt, welche Geduld für die Geduldigen am schwersten sei. Er antwortete: »Die Geduld in Gott.« Der Mann sagte: »Nein!« Schibli: »Die Geduld für Gott.« Der Mann: »Nein!« Schibli: »Die Geduld mit Gott.« Der Mann: »Nein!« Da wurde Schibli zornig und sagte: »He du, was denn?« Der Mann antwortete: »Die Geduld (es auszuhalten) ohne Gott.« Da stieß Schibli einen Schrei aus, dass er fast den Geist aufgegeben hätte.[8]

Geduld meint nicht das dumpfe Ertragen des Leidens, sondern ein Aushalten in der Dunkelheit, im Schweigen, an Orten und zu Zeiten, an und in denen wir uns verlassen fühlen. Hier wird die Geduld aufs Härteste geprüft: wo wir in die Leere fallen, ohne Halt, ohne Zeichen. Und doch birgt sie in sich das Versprechen von Nähe. Sie zeigt uns, dass wir, wenn wir das Warten auf Gott nicht aufgeben, vielleicht erst am tiefsten Punkt erkennen, dass Er die ganze Zeit da war. Wie der Koran sagt: »Und Er ist mit euch, wo ihr auch seid« (Koran 57,5).

Dieser Vers ist wie ein Trost, der uns durch die tiefen Täler des Lebens trägt. Er erinnert uns daran, dass wir in der Geduld nicht allein sind. Gott ist mit uns, in jedem Moment, in jeder Prüfung. Und so wird die Geduld zur Brücke, die uns trägt, wenn der Weg steinig wird. Sie ist die stille Kraft, die uns lehrt, die Wogen des Lebens zu reiten, ohne uns von ihnen fortreißen zu lassen.

Fasten bringt uns in diesen Raum der Geduld, wo die Zeit nicht mehr in Stunden, sondern in Atemzügen gemessen wird. Die Fastenzeit wird zur Schule der Geduld. Jede Minute lehrt uns, wie es ist, mit dem Mangel zu leben und darin die Fülle zu finden.

Fasten und Geduld sind eng miteinander verwoben. Beide verlangen von uns, loszulassen, uns nicht an das zu klammern, was uns vermeintlich Halt gibt. Und doch schenken sie uns genau diesen Halt, der aus dem Vertrauen kommt, dass wir geführt werden, auch wenn der Weg dunkel scheint. In der Geduld liegt ein tiefer Frieden. Wir finden ihn, wenn wir aufhören, die Geduld als Kampf zu verstehen – nicht weil wir resignieren, sondern weil wir wissen, dass die Geduld keinen Kampf darstellt, sondern Hingabe, Annahme, Bereitschaft, etwas geschehen zu lassen, statt etwas bewirken zu wollen.

ANSELM GRÜN

Das Fasten lehrt uns, geduldig zu sein. Wenn wir den Hunger in uns spüren, dann brauchen wir Geduld, um ihn auszuhalten und warten zu können, bis wir wieder essen können. Das deutsche Wort »Geduld« leitet sich vom Verb »dulden« ab, was so viel meint wie tragen, ertragen. Das griechische Wort für Geduld, *hypomone*, ist ähnlich, doch es hat auch eine aktive Bedeutung. Man nutzt es beispielsweise, um eine Säule zu beschreiben, die ein Gebäude trägt, und es bedeutet in diesem Zusammenhang: standhalten, einen festen Stand haben. Wer fastet, darf also nicht gleich umfallen. Er braucht Standfestigkeit, um dabei zu bleiben. Im lateinischen Wort für Geduld, *patientia*, steckt die Silbe *pati* für »leiden«. Geduld bedeutet also auch, das Leid anzunehmen. Manchmal erleben wir das Fasten als Leid. Wir bekommen Kopfweh oder spüren andere Schmerzen. Geduld bedeutet, es trotzdem nicht gleich aufzugeben, sondern standzuhalten, es auszuhalten. Geduldig nennen wir einen Menschen, der auch Schwierigkeiten und widrige Situationen mit Gelassenheit und Standhaftigkeit erträgt.

Die stoische Philosophie preist die Geduld als die Tugend, die uns über jene Dinge Herr werden lässt, die uns schwer erträglich erscheinen. Geduld hat also mit Freiheit zu tun: Ich lasse mich nicht beherrschen, weder vom Hunger noch von ungeduldigen Menschen um mich herum.

Paulus denkt im Römerbrief die Geduld zusammen mit der Hoffnung: »Wir wissen: Bedrängnis bewirkt Geduld, Geduld aber Bewährung, Bewährung Hoffnung« (Römer 5,3f). Wer das Leben mit allen Schwierigkeiten in Geduld aushält, der erlangt Standfestigkeit und in dem wächst die Hoffnung auf das, was ihn erwartet. Für Paulus ist es die Hoffnung auf Gottes Herrlichkeit. Weil uns das Fasten für die Erfahrung von Gottes heilender Nähe öffnet, können wir es in Geduld aushalten. Paulus drückt die Wechselwirkung von Geduld und Hoffnung auf zweifache Weise aus: Die Geduld bewirkt Hoffnung und die Hoffnung bewirkt Geduld. Das wird deutlich, wenn er schreibt: »Hoffen wir aber auf das, was wir nicht sehen, dann harren wir aus in Geduld« (Römer 8,25). Das Fasten lehrt uns die Geduld und zugleich die Hoffnung. Und diese Hoffnung – so sagt Paulus – kann nicht zugrunde gehen, kann sich nicht auflösen, »denn die Liebe Gottes ist ausgegossen in unsere Herzen durch den Heiligen Geist, der uns gegeben ist« (Römer 5,5). Das Fasten will uns in Berührung bringen mit dieser Liebe auf dem Grund unserer Seele. Wenn wir sie spüren, dann können wir auch in Geduld die schmerzhaften Seiten des Lebens ertragen.

16

Unterbrechung

AHMAD MILAD KARIMI

Das Fasten ist eine Unterbrechung – eine Atempause, ein Atemholen inmitten des Alltags. Nicht Stillstand, sondern eine bewusste Pause, die uns die Gelegenheit schenkt, die Rhythmen unseres Lebens neu zu ordnen. Wie ein Innehalten vor dem nächsten Schritt bricht das Fasten die gewohnten Muster auf, um Raum für das Wesentliche zu schaffen.

Im Fasten lassen wir für eine Zeitlang die vertrauten Dinge beiseite: das Essen, das Trinken, die gewohnten Abläufe, den Kaffee in der Pause und den Lärm der Welt. Doch das Fasten ist keine Flucht in die Leere, sondern ein bewusster Rückzug, ein Schritt zur Seite, um zu sehen, was verborgen ist.

In der Stille, die keine Abwesenheit, sondern eine Präsenz darstellt, spüren wir, wie sich unser Inneres ordnet. Die Unterbrechung öffnet Türen, die im alltäglichen Strom verschlossen bleiben, und durch diese Türen tritt das Licht des Bewusstseins, tritt das Göttliche in unser Leben.

Es ist nicht immer angenehm, auf das Wesentliche reduziert zu werden, weil es auch schmerzen kann, wenn wir mit Realitäten konfrontiert werden, die wir lieber nicht sehen möchten. Die Unterbrechung durch das Fasten ist aber ein Weg der Reinigung, der Klärung, ein Schnitt durch die Schichten der Gewohnheiten, die sich um unser Herz gelegt haben. Wenn der Körper hungert, erwacht die Seele und beginnt zu sprechen. In diesem Gespräch mit uns selbst, in dieser Begegnung mit unserem eigenen Inneren finden wir eine Klarheit, die sonst überdeckt ist.

So wird das Fasten zu einer Unterbrechung, die nicht zum Stillstand führt, sondern zu einem tieferen Verstehen. Wir halten inne, um zu erkennen, was von Bedeutung ist. Es ist eine Pause, die uns von den äußeren Bedürfnissen löst und uns die innere Freiheit schenkt, uns auf das Wesentliche auszurichten: die Beziehung zu Gott, das Gebet, die Innerlichkeit.

In dieser Unterbrechung spüren wir, wie sich die Zeit ausdehnt. Der Tag scheint länger, die Momente wirken intensiver, als ob das Fasten uns in einen anderen Rhythmus bringt, der nicht mehr von den äußeren Anforderungen bestimmt wird, sondern von der inneren Bewegung, die uns zum Ursprung zurückführt. Das Fasten unterbricht, um uns zu verbinden, nicht nur mit uns selbst, sondern auch mit der Schöpfung und ihrem Schöpfer.

Es ist, als ob die Welt in diesen Tagen des Verzichts leiser würde, doch in dieser Stille sprechen die Dinge deutlicher: der Mond, der die Fastenzeit begleitet, das Licht, das am Morgen die Nacht bricht, der Klang des Herzens, der in uns hörbar wird. Wir treten einen Schritt zurück und erkennen, dass wir in diesen Momenten näher an das Ewige herantreten.

Das Fasten unterbricht unser Leben, um es zu erneuern. Es unterbricht die Gewohnheiten, um uns die Freiheit zu schenken, anders zu sehen, anders zu denken, anders zu urteilen, anders zu leben. In dieser Unterbrechung liegt kein Verlust, sondern sie ist ein großes Geschenk. Denn was uns abgenommen wird, ist nicht die Freude, sondern die Last. Und was wir empfangen, ist die Möglichkeit, das Leben mit offenen Augen und einem wachen Herzen zu sehen.

ANSELM GRÜN

Der katholische Theologe Johann Baptist Metz hat den berühmten Satz geprägt, dass »Unterbrechung« die kürzeste Definition für das Wort »Religion« sei. Das wird im Fasten noch einmal auf ganz andere Weise greifbar. Es unterbricht die »normalen« Abläufe in unserem Leben, wie auch unsere Gewohnheiten, die sich oft unbewusst in unser Leben eingeschlichen haben: einzukaufen, worauf wir gerade Lust haben, beim Fernsehen oder Lesen nebenbei Süßigkeiten zu essen oder immer wieder aufs Handy zu schauen, wenn uns langweilig ist oder wir warten müssen.

Das deutsche Wort »Unterbrechung« verspricht uns auch, dass etwas in uns aufgebrochen wird. Unser Leben hat sich durch manche Gewohnheiten verfestigt. Alles läuft immer gleich ab, vieles ist zur Routine geworden. Die Unterbrechung bricht dieses hart gewordene Leben auf, damit etwas Neues in uns werden kann, eine neue Sicht auf das Leben möglich wird, neue Verhaltensweisen sich zeigen, Chancen sichtbar werden. Aufbrechen hat aber auch eine aktive Bedeutung: Ich unternehme etwas, um zu neuen Ufern, zu einem neuen Bewusstsein, zu neuer Lebendigkeit, zu einem neuen Miteinander zu gelangen. Gerade unser Miteinander leidet oft unter festgefahrenen Routinen. Wir wissen, wie der andere reagieren wird, was seine Gewohnheiten sind. Wir haben uns aneinander gewöhnt, es geschieht nichts Neues mehr. Wir haben unsere festen Bilder vom anderen. Die Unterbrechung durch die Fastenzeit will uns dazu einladen, aufzubrechen zu einem neuen Miteinander, in dem wir unsere Vorurteile fallen lassen und den anderen mit neuen Augen anschauen.

Wir brauchen Unterbrechungen, um uns darüber bewusst zu werden, dass unser Leben eintönig geworden ist, dass wir unsere Lebendigkeit verloren haben, dass wir uns selbst aus den Augen verloren haben. Die Unterbrechung lädt uns ein, all das Verhärtete in uns aufzubrechen und darauf zu vertrauen, dass es in dieser Fastenzeit möglich ist, aufzubrechen in ein neues Leben. Im Christentum bereiten wir uns in der Fastenzeit auf Ostern vor, auf das Fest der Auferstehung, an dem wir mit Christus aufstehen aus dem Grab unserer Angst, unserer Resignation und unserer Routine in ein österliches Leben voll neuer Lebendigkeit.

17

Gemeinschaft

AHMAD MILAD KARIMI

Wenn wir fasten, treten wir bewusst in einen Zustand des Verzichts, der uns öffnet für das, was uns umgibt: die Menschen, die mit uns fasten, die gemeinsame Haltung und die festliche Freude des abendlichen Fastenbrechens. Gemeinschaft im Fasten ist nicht bloß eine Ansammlung von Menschen, die denselben Regeln folgen – sie ist ein gelebtes Band, eine unsichtbare Verbindung, die uns daran erinnert, dass wir mehr sind als nur Einzelne auf ihrem Weg.

Im Verzicht schärft sich unser Blick für die Bedürftigkeit, die uns alle verbindet. Die leere Hand, die sich Gott entgegenstreckt, ist nicht nur Ausdruck unserer individuellen Sehnsucht, sondern auch ein Symbol der Verbundenheit, denn alle Hände öffnen sich in derselben Bitte. Durch das gemeinsame Fasten im Monat Ramadan wird der Einzelne Teil eines größeren Ganzen, das weit über die geteilte Erfahrung des Fastens hinausgeht. Der Koran erinnert uns daran: »Helft einander in Frömmigkeit und Gottesfurcht« (Koran 5,2). Diese

Hilfe kann sich auf viele Weisen zeigen, doch im Fasten wird sie konkret: in der Unterstützung, die wir einander bieten, im Teilen der Speisen nach Sonnenuntergang, im gemeinsamen Aushalten des Hungers.

Der Ramadan führt uns vor Augen, dass Gemeinschaft auch im Verzicht entsteht. Wenn wir auf das Eigene verzichten, schaffen wir Platz für den anderen. Es ist eine Übung der Selbstlosigkeit, die uns lehrt, dass wir nicht nur für uns selbst leben. Zudem verbindet das Fasten uns mit den Bedürftigen, mit denen, die das ganze Jahr über Hunger leiden. Indem wir ihren Schmerz im Fasten nachempfinden, schaffen wir eine Brücke, die uns durch das Mitgefühl zu einer tieferen Gemeinschaft führt.

Die Gemeinschaft wird somit zu einem spirituellen Raum, der uns durch die Nähe zu Gott und den Menschen berührt. Im Fasten erfahren wir diese spirituelle Gemeinschaft auf besondere Weise, denn sie geht über das bloße Teilen von Speisen hinaus, bedeutet vielmehr, auch eine gemeinsame Sehnsucht, eine gemeinsame Ausrichtung auf Gott zu teilen. Dahinter steht die Erfahrung, dass der Verzicht uns nicht schwächt, sondern uns stark macht, weil er uns mit den anderen verbindet.

Das Fasten ist ein kollektiver Akt des Vertrauens. Wir vertrauen darauf, dass der Verzicht uns näher zu Gott führt, aber auch zueinander. Diese Verbundenheit mit den anderen zeigt sich im Mitgefühl, in der Achtsamkeit, mit der wir miteinander umgehen.

Zudem stiftet die abendliche Mahlzeit beim Fastenbrechen auf besondere Weise Gemeinschaft. Der Prophet Muhammad ermutigte die Gläubigen, ihr Fasten gemeinsam zu brechen, die Speisen zu teilen und die Freude des Essens zu verbreiten. Es ist ein Moment der Rückkehr zueinander, ein Symbol für die Gemeinschaft, die uns trägt, die wir im Verzicht geformt haben.

Wir werden eins in der Erkenntnis, dass der Verzicht uns frei macht, nicht nur für Gott, sondern auch füreinander. Und am Ende des Tages, wenn die Sonne untergeht und wir das Fasten brechen, erleben wir die Freude dieser Gemeinschaft in ihrer Fülle.

ANSELM GRÜN

Sowohl im Islam als auch in der christlichen Tradition gibt es eine gemeinsame Fastenzeit: den Monat Ramadan und die vierzigtägige Fastenzeit vor Ostern. Gemeinsam zu fasten, erleichtert uns das Verzichten. Und es hat eine stärkere Wirkung, weil es nicht mehr nur etwas rein Privates, sondern etwas Öffentliches ist, über das sogar die Zeitungen schreiben und das von der Gesellschaft wahrgenommen wird, auch wenn viele den Sinn dahinter nicht verstehen.

In unserem Gästehaus gibt es daher auch die Möglichkeit, an einem Kurs teilzunehmen, bei dem zwanzig bis dreißig Gäste gemeinsam fasten. Meistens ist es zudem mit Schweigen verbunden. Das gemeinsame Fasten stiftet intensive Gemeinschaft. Die Menschen fühlen sich miteinander verbunden. Sie lassen sich auf das Fasten ein, spüren die Schwierigkeiten, die manche mit dem Fasten haben, und halten es gemeinsam durch, tragen sich gegenseitig. Das schweißt zusammen. Am Ende des Fastenkurses sprechen die Teilnehmenden miteinander über ihr Erleben. Viele berichten von ihrem Eindruck, dass sie sich durch das Fasten und Schweigen nähergekommen sind als durch Reden, dass also gerade das Fasten sie auf eine tiefere Weise miteinander verbunden hat.

Das gemeinsame Fasten im Ramadan und in der vierzigtägigen Fastenzeit bewirkt aber noch auf andere Weise Gemeinschaft. Wenn wir wissen, dass in dieser Zeit viele andere Menschen fasten, so wie wir, dann spüren wir, dass wir gemeinsam unterwegs sind, dass wir gemeinsam Gott suchen und uns für Gott öffnen. Dieses Wissen umeinander wirkt sich auch auf unsere Gesellschaft aus. Denn je mehr Menschen sich im Fasten innerlich miteinander verbinden, desto mehr wächst das Miteinander in der Gesellschaft. Statt Polarisierung, wie wir sie heute häufig erleben, entsteht dann ein Gemeinschaftsgefühl, das die Menschen miteinander verbindet. Wir fasten nicht für uns allein, sondern im Gefühl, dass wir zusammen eine große Gemeinschaft bilden, in der einer für den anderen sorgt. Wir denken im Fasten nicht nur an uns, ob wir es schaffen, das Fasten durchzuhalten oder nicht, sondern an die vielen Menschen, die hungern, nicht nur nach Brot, sondern auch nach Zuwendung, nach Gehörtwerden. Im Fasten hören wir auf sie und ihre Nöte und fühlen uns auf diese Weise zugehörig zu allen Menschen.

18

Loslassen

AHMAD MILAD KARIMI

Loslassen – dieses Wort trägt in sich eine Sanftheit, die beinahe schwerelos ist. Doch so leicht es auch klingen mag, ist das Loslassen oft ein innerer Kampf, ein Ringen, das im Verborgenen stattfindet. Im Fasten wird es zu einem Akt der Befreiung, des Sich-selbst-Überwindens, indem wir das loslassen, was uns niederdrückt, was uns in uns selbst gefangen hält. Es ist, als öffneten sich Türen, von denen wir nicht wussten, dass wir sie verschlossen hielten.

Das Fasten entzieht uns vermeintliche Sicherheiten – die Speisen, die uns stärken, das Wasser, das uns erfrischt, die alltäglichen Routinen – und fordert uns so auf, nach innen zu schauen, wo wir weiter an anderen Dingen festhalten, die unsere Lebendigkeit einschränken: an den vielen kleinen Wünschen, die uns unerkannt beherrschen, an den Vorstellungen, wie die Welt sein sollte, an der Angst, die uns lähmt, und dem Stolz, der uns blind macht. Im Loslassen liegt die stille Erkenntnis: Wir brauchen weniger als gedacht. In dieser Loslösung wird das Herz leicht, es wird durchlässig für das, was wirklich zählt.

Aber Loslassen ist mehr als nur ein Zurücklassen von Dingen. Es ist vielmehr eine Ablösung von dem inneren Zwang, ständig zu wollen, zu streben, zu besitzen. Im Ramadan geht es nicht allein darum, den Hunger zu bezwingen, sondern die Kontrolle über das Ich aufzugeben, uns dem Unverfügbaren hinzugeben. Es ist, als ob wir uns von uns selbst befreiten – von jenem selbstzentrierten Bild, das uns sagt, was wir sein sollen und was wir leisten müssen, um uns wertvoll zu fühlen. Das Fasten erzieht uns zum Loslassen dieser Täuschungen. Denn nur wer sich selbst loslässt, findet sich im Wesentlichen wieder.

Manchmal stellt sich eine schwebende Leichtigkeit ein, wenn wir beginnen, diese Lasten abzuwerfen. Als ob wir die Schwere unserer eigenen Erwartungen langsam abstreiften. Je mehr wir loslassen, desto klarer spüren wir, dass das Leben uns nicht zwingen will, etwas zu sein, vielmehr möchte es uns zeigen, wie wir wir selbst werden können. Nicht durch Anstrengung, sondern Hingabe. Nicht durch Besitz, sondern durch Vertrauen. Das ist bereits in einem einzigen Fastentag spürbar, in dem Stunde für Stunde konzentrierter, fokussierter, aber auch leichter wird.

In der islamischen Mystik wird das Loslassen als ein Schlüssel zur Gotteserkenntnis betrachtet. Denn die eigentliche Bindung ist die an das eigene Ich. Loslassen bedeutet, sich in die Hände dessen zu geben, der uns besser kennt als wir uns selbst. Das bedeutet, den Mut zu haben, sich auf das Unbekannte einzulassen, auf die Möglichkeit, dass wir, wenn wir aufhören, uns festzuhalten, wirklich frei werden.

ANSELM GRÜN

Viele erhoffen sich von der Fastenzeit, dass sie dann endlich einmal alte Gewohnheiten loslassen können. Andere möchten Muster loslassen, die sie am Leben hindern, wie etwa Perfektionismus oder die Sucht, sich ständig selbst zu kritisieren, sich kleinzumachen, sich für alles schuldig zu fühlen, sich bei allem unter Druck zu setzen. Doch manche verwechseln dabei das Loslassen mit Loswerden. Sie wollen die alten Fehler und Schwächen und Lebensmuster loswerden, weil sie lästig sind und sie beeinträchtigen. Doch einer der wichtigsten Grundsätze der Spiritualität und ebenso der Psychologie heißt: Ich kann nur loslassen, was ich angenommen habe. Es gilt also, erst einmal anzuerkennen und zu akzeptieren, dass diese Lebensmuster da sind und dass ich von Gewohnheiten beherrscht werde. Der zweite Schritt ist dann, sich zu fragen, was dahintersteckt. Was ist der Grund dafür, dass ich immer alles perfekt machen möchte? Vielleicht ist es mangelndes Selbstwertgefühl oder die Angst, von anderen kritisiert zu werden. Wenn ich häufig Neid gegenüber anderen empfinde, muss ich mich fragen: Warum bin ich so neidisch? Welches Bedürfnis steckt dahinter?

Heute ist die Achtsamkeitsmeditation eine Übung, die von vielen Menschen praktiziert wird. Die Aufgabe ist, die eigenen Gedanken und Emotionen wahrzunehmen, sich aber nicht daran »festzubeißen«, sondern sie einfach vorüberziehen zu lassen. Doch häufig gelingt das nicht. Denn die Gedanken, die ich weiterziehen lasse, werden wiederkommen. Weil sie mir etwas sagen wollen. Nur wenn ich mich vertieft damit beschäftigt habe, was sie mir sagen und auf welche Bedürfnisse oder Verletzungen in meiner Lebensgeschichte sie mich hinweisen wollen, nur wenn ich sie ehrlich angenommen habe, kann ich sie loslassen. Das Fasten lädt uns ein, ehrlich alles anzuschauen, was in uns ist, und es wirklich zu akzeptieren. Was wir loswerden wollen, ohne es anzunehmen, bleibt an uns hängen. Nur das, was wir annehmen, können wir loslassen, sodass es uns nicht mehr beherrscht.

19

Ruhe finden

AHMAD MILAD KARIMI

Es gibt Zeiten, in denen das Leben wie ein endloser Strom an uns vorüberzieht, eine Flut von Gedanken, Terminen, Sorgen und Aufgaben, die uns fortreißt. Wir verlieren uns in der Geschwindigkeit der Welt, die uns den Boden unter den Füßen nimmt. Wie selten erlauben wir uns, innezuhalten, uns der Stille hinzugeben und dem Herzen zu lauschen. Doch Stille bedeutet nicht Stillstand, sondern die Rückkehr, das Verweilen an einem Ort, der tiefer liegt als all der Lärm. Stille ist die Wurzel, die sich in der Erde verankert. Der Glaube braucht diese Ruhe, um wieder festen Boden zu finden.

Im Islam ist das Gebet nicht nur eine Pflicht, es ist eine Einladung zu dieser Rückkehr, zur Ruhe im Herzen. In den Momenten der Andacht versinken wir in den Frieden der Gegenwart Gottes, und dort, in diesem Augenblick, kehren wir zu uns selbst zurück. Als würden unsere Wurzeln sich neu in die Erde graben, tief und fest, getragen von der Gewissheit, dass wir selbst getragen werden. Denn wie der Koran uns lehrt, ist

Gott der Friede selbst, und in Ihm finden wir die Ruhe, nach der wir so sehr suchen.

In der Hektik des modernen Lebens wird es oft zur Herausforderung, die innere Ruhe zu finden. Das Fasten lädt uns ein, einen Schritt zurückzutreten und einen Raum der Stille zu schaffen, der uns wieder mit unserem inneren Selbst verbindet. Im Moment des Innehaltens finden wir die Gelegenheit, unsere Beziehung zu Gott zu vertiefen und den Lärm des Alltags hinter uns zu lassen. So wie ein Baum seine Wurzeln tief in die Erde senkt, um Halt und Nahrung zu finden, so können auch wir uns im Glauben verankern und wieder mit unserer spirituellen Essenz verbinden.

Das Fasten dehnt die Zeit auf eine Weise, die es uns erlaubt, das Wesentliche wahrzunehmen. In dieser Stille gewinnen wir die Möglichkeit, unser Leben aus einer neuen Perspektive zu betrachten und die Bindung zu Gott zu stärken. Die bewusste Auszeit gibt uns nicht nur Raum zur Reflexion, sondern erlaubt es uns auch, die vergessenen Teile unseres Seins zu entdecken. Hier, in der Ruhe und Stille, entfaltet sich unser Wachstum, und wir lernen, die Fülle des Lebens mit Achtsamkeit und Dankbarkeit zu umarmen. Diese Rückkehr zu unseren Wurzeln lässt uns erkennen, dass der Weg zu Gott nicht nur eine Reise nach außen, sondern vor allem eine Rückkehr zu uns selbst ist.

Wenn ich einen Fastenkurs anbiete und dabei selbst mitfaste, kann ich keine Hektik vertragen. Ich merke dann, dass ich von allein langsamer mache. Das Fasten braucht Ruhe und es führt auch in die Ruhe. Ich lade die Gäste dann ein, bewusst langsamer zu gehen und sich für alles ruhig Zeit zu lassen. Am Anfang macht das Fasten müde. Da ist es gut, sich dieser Müdigkeit bewusst zu werden und sich das Auszuruhen zu gönnen.

Das Ziel ist aber nicht nur äußere, sondern vor allem innere Ruhe. Diese innere Ruhe finde ich nur, wenn ich den Mut aufbringe, alles in mir anzuschauen. Viele fliehen vor der Ruhe aus Angst, es könnten unangenehme Dinge hochkommen. Daher gilt das Wort Jesu: »Die Wahrheit wird euch befreien.« (Johannes 8,32). Nur wenn wir uns der eigenen Wahrheit stellen und sie akzeptieren, werden wir innerlich ruhig werden. Die christliche Tradition hat die Ruhe immer mit der Sabbatruhe Gottes in Verbindung gebracht.

Der Hebräerbrief spricht von dieser Sabbatruhe, die dem Volk Gottes vorbehalten ist: »Denn wer in seine Ruhe eingegangen ist, der ruht auch selbst von seinen Werken aus, wie Gott von den seinigen« (Hebräer 4,9f). Der Schöpfungsbericht im Buch Genesis erzählt, dass Gott am siebten Tag ruhte, »nachdem er sein ganzes Werk vollendet hatte« (Genesis 2,2). Die Ruhe vollendet also unser Werk. Viele Menschen hetzen von einer Arbeit zur nächsten, bringen dabei aber keine wirklich zu Ende.

Am Ende der Schöpfungsgeschichte im Buch Genesis finden wir noch eine andere Aussage zur Ruhe Gottes, nachdem er die Welt erschaffen hat: »Gott sah alles an, was er gemacht hatte: Und siehe, es war sehr gut« (Genesis 1,31). Wir kommen also nur dann zur Ruhe, wenn wir mit den Augen Gottes auf unser Leben und auf die Welt schauen und mit ihm sagen können: Es ist alles sehr gut, es ist alles sehr schön. Wenn wir das Schöne anschauen, dann führt es uns zur Ruhe. Der irische Schriftsteller John O'Donohue nennt die Schönheit die Heimat des Herzens: »Wenn es in Schönheit weilen kann, ist das Herz daheim« (O'Donohue 273). Die Schönheit bewirkt in uns Ruhe. Das Fasten will daher unsere Sinne (wieder) öffnen für die Schönheit unseres Lebens.

20

Lebensfreude

AHMAD MILAD KARIMI

Im Trubel des Lebens, in all den Pflichten und dem Streben, scheint die Lebensfreude oft zu verblassen, als sei sie ein ferner Traum, den wir in der Kindheit noch kannten. Doch die Freude, das innere Leuchten, gehört zu unserer tiefsten Natur. Sie ist der Funke, den Gott in unsere Seelen gelegt hat, das Strahlen, das sich durch das Leben selbst offenbart. Wie oft vergessen wir aber, diesen Funken zu nähren, wie oft übersehen wir die kleinen Wunder des Alltags?

Die Fastenzeit bringt uns zurück zu diesem Leuchten. In der bewussten Reduktion, im Verzicht auf das Überflüssige wird der Blick auf das Wesentliche klarer, und oft ist es gerade die Einfachheit, die uns wieder zur Freude führt.

Es klingt paradox, aber indem wir verzichten, gewinnen wir. Wir entlasten uns, und in dieser Leichtigkeit können wir die Freude wieder spüren, die nicht von äußeren Umständen abhängig ist, sondern aus dem tiefen Vertrauen entspringt, dass wir geliebt sind, dass das Leben uns in seiner Tiefe Freude schenkt, wenn wir bereit sind, sie zu empfangen.

Das Fasten ist ein geheimnisvoller Schlüssel, der die Türen zur Lebensfreude weit öffnet. Es ist nicht nur der Verzicht auf Nahrung, sondern vielmehr ein bewusster Akt der Hingabe, der unsere Bindung zu Gott vitalisiert. In der Stille des Fastens bringen wir die zarten Knospen der Dankbarkeit und des Staunens zum Blühen, die oft unter den Belastungen des Alltags verborgen sind. Wir lernen, die einfachen Dinge des Lebens zu schätzen – den Geschmack einer Dattel, das Geräusch des Wassers, das Fließen des Atems. Diese kleinen Freuden zeigen uns, dass das wahre Glück nicht in materiellem Besitz, sondern in der Verbundenheit mit dem Göttlichen in allem Lebendigen liegt.

Wenn wir uns der spirituellen Dimension des Fastens öffnen, entdecken wir, dass Freude eine tiefe, innere Quelle hat: die Erkenntnis, dass wir geliebt und angenommen sind. Sie lehrt uns, das Leben mit offenen Armen zu empfangen, auch in seinen Herausforderungen. Indem wir uns auf das Wesentliche konzentrieren, befreien wir uns von dem Ballast der Sorgen und Ängste, die uns oft gefangen halten. Wir lernen, im Hier und Jetzt zu leben, die Schönheit des Moments zu umarmen und in jedem Augenblick das Göttliche zu erkennen. Diese neue Perspektive lässt unser Herz erblühen und gibt uns die Kraft, das Leben mit Leichtigkeit und Freude zu gestalten.

Jesus kritisiert in seinen Reden häufig die Pharisäer, die beim Fasten ein finsteres Gesicht machen und in »Sack und Asche« gehen, damit alle merken, dass sie fasten. Jesus sieht das anders: Wer fastet, soll sein Gesicht waschen und sein Haar salben (Matthäus 6,16–18). Er soll sich also pflegen und anderen fröhlich begegnen.

Wenn ich einen Fastenkurs anbiete, freue ich mich vorher oft nicht unbedingt darauf. Ich spüre in mir immer auch eine Spannung, eine leichte Abwehr, weil ich nicht weiß, ob ich das Fasten gut vertragen werde, ob ich frei von Schmerzen bleibe. Doch wenn ich mich dann darauf einlasse, spüre ich nach den ersten drei Tagen auf einmal, wie sich mein Gemüt erhellt, wie in mir eine innere Freude aufsteigt. Es ist die Freude über die Freiheit und darüber, einfach da zu sein.

Wenn wir im Fasten frei werden von allem, was wir sonst brauchen, um unsere Stimmung zu heben, dann entsteht in uns eine Freude, von der Jesus sagt, dass sie uns niemand mehr nehmen kann (Johannes 16,22). Es ist die Freude am Leben, aber auch die Freude an Gott. In der Bibel lesen wir den Satz: »Macht euch keine Sorgen; denn die Freude am Herrn ist eure Stärke« (Nehemia 8,10).

Die Fastenzeit ist also die Zeit, in der wir unter all den Gefühlen von Angst, Traurigkeit und Ärger die Freude in uns entdecken können, die auf dem Grund unserer Seele immer da ist, aber oft genug zugeschüttet ist durch unsere ängstlichen, alltäglichen Sorgen. Die Fastenzeit will diese Freude auf dem

Grund unserer Seele wieder aufsteigen lassen, damit sie auch unser Bewusstsein mehr und mehr durchdringt und auf die Menschen um uns herum ausstrahlt.

Christliche Aspekte

ANSELM GRÜN

21

Vierzig Tage fasten

Die Praxis des Fastens findet sich in beinahe allen Religionen. Häufig ist die körperliche Übung dabei mit einer besonderen spirituellen Zeit verbunden, der körperliche Verzicht also eine Unterstreichung der spirituellen Praxis und umgekehrt.

Im Christentum hat man zunächst die Fastenpraxis des Judentums, aus dem die ersten Gemeinden entstanden sind, übernommen, ebenso wie man die Anschauungen der griechisch-römischen Umwelt über das Fasten in das eigene Fastenverständnis einfließen ließ.

Im Judentum galt es als Zeichen der Frömmigkeit, zweimal in der Woche zu fasten. Die Christen haben das übernommen, aber weil sie sich gleichzeitig vom Judentum absetzen wollten, fasteten sie an zwei anderen Wochentagen, nämlich dem Mittwoch und Freitag als Zeichen der Erinnerung an die Gefangennahme Jesu am Mittwoch und die Kreuzigung Jesu am Freitag. Doch schon bald entwickelte sich als Vorbereitung auf das Osterfest die vierzigtägige Fastenzeit. Die Christen fühlten sich darin traditionell verbunden mit Mose, der auf dem Gottesberg vierzig Tage gefastet hatte, ehe er die Gesetzestafeln erhielt, und Elija, der durch die Kraft der Speise, die ihm der Engel in der Wüste reichte, vierzig Tage fastend zum Gottesberg wanderte. Zudem fühlten sie sich eins mit Jesus, der in der Wüste ebenfalls vierzig Tage gefastet hatte und dabei vom Teufel versucht wurde.

Die Kirchenväter haben die Fastenzeit als eine gesegnete Zeit gepriesen, als eine Zeit der Gnade. Diese Sichtweise wird in dem Hymnus, den wir Mönche an jedem Sonntag der Fastenzeit singen, wunderbar beschrieben: »Hört die Mahnung der Schrift: Jetzt ist die Zeit der Gnade da. Paulus sagt uns das Wort: Jetzt ist die Stunde eures Heils, empfangt nicht vergeblich die göttliche Gabe! Maßvoll lebe der Leib, wachsam und lauter sei der Geist, dass der Weg dieser Zeit Durchgang zur Auferstehung sei. Die Erde zu heilen, schuf Gott diese Tage. Zeichen schauen wir nun: Irdisches wird zum Bilde hier, denn das kreisende Jahr lässt nach des Winters Frost und Nacht den Frühling die Erde für Ostern bereiten« (Benediktinisches Antiphonale III, 142).

Das Fasten – so sagt es der Hymnus – ist nicht nur heilsam für den Menschen, sondern ebenfalls für die Erde. Was die Menschen tun und wie sie leben, hat auch Auswirkungen auf die Natur. Wenn die Menschen maßvoller und einfacher leben, tut das der Natur gut. Ein Ansatz, der angesichts heutiger Folgen des menschengemachten Klimawandels aktueller denn je ist. Die frühen Christen haben die Fastenzeit als eine Zeit der Gnade angesehen, die Gott dem Menschen geschenkt hat, damit er sich selbst besser kennenlernt, um innerlich freier zu werden und eine neue Sicht auf sein Leben und auf das Miteinander gewinnen zu können. So gesehen hat die Fastenzeit nichts an Aktualität eingebüßt.

Johannes Chrysostomus spricht in einer Predigt einmal von der Arznei des Fastens, die »unser menschenfreundlicher Herrscher als liebevoller Vater« ersonnen hat. Das Fasten ist heilsam für den einzelnen, aber auch für die menschliche Gemeinschaft. Das meint auch der Kirchenvater Basilius der Große: »Wenn aber alle Völker den Rat des Fastens annähmen, um ihre Fragen zu regeln, würde nichts mehr verhindern, dass tiefster Friede in der Welt herrsche; die Völker würden nicht mehr gegeneinander aufstehen, und auch die Heere würden einander nicht in Stücke hauen [...] Unser ganzes Leben wäre nicht in so hohem Grade von Stöhnen und Seufzen erfüllt, wenn das Fasten es regelte. Das Fasten würde alle lehren, die Liebe zum Geld, zu überflüssigen Dinge und im allgemeinen die Neigung zu Feindseligkeiten aufzugeben« (Basilius, 2. Homilie über das Fasten).

22

Auszug in die Freiheit

Die christliche Tradition verbindet das Fasten mit der Erfahrung, die hinter der alttestamentlichen Erzählung vom Auszug der Israeliten aus Ägypten steht: mit der Freilassung aus der Gefangenschaft, dem Zug in das Gelobte Land, in die Freiheit, in das Land, in dem sie selbst anbauen und ernten werden (Exodus 23,10). In Ägypten trieben die Fronvögte die Israeliten an, immer mehr und immer schneller zu arbeiten. Diese Fronvögte kennen wir auch in unserem eigenen Leben. Es sind die inneren Antreiber, die uns ständig dazu drängen, erfolgreicher zu sein, noch mehr zu verdienen, noch mehr Anerkennung zu bekommen. Es sind die inneren Stimmen, die uns sagen: Sei erfolgreich, sei brav, passe dich an, sei stark, zeige keine Schwächen! Das Fasten ist ein Auszug aus der Herrschaft dieser Fronvögte.

Dabei geht es uns heute jedoch ähnlich wie den Israeliten damals: Auf der einen Seite wollen wir die Freiheit, auf der anderen Seite sehnen wir uns nach den »Fleischtöpfen Ägyptens«

zurück, also nach der Gefangenschaft, in der für uns gesorgt war und das Leben in geregelten Bahnen verlief, auch wenn es schwierig war.

Der Weg in die Freiheit führt durch das Rote Meer hindurch. Das Meer ist ein Bild für das Unbewusste. Es kann uns regelrecht überschwemmen. Aber das Meer kann auch die Feinde verschlingen, die uns nachsetzen. Wenn wir auf Gott vertrauen, dann werden wir durch das Meer des Unbewussten sicher hindurchkommen und plötzlich trockenen Boden unter den Füßen spüren.

Anschließend führt der Weg aber nicht gleich in das »Gelobte Land, wo Milch und Honig fließen«, sondern zunächst müssen wir die Wüste durchqueren – unsere innere Leere aushalten, die wir zu Beginn des Fastens oft wahrnehmen. Wir müssen die Mangelerfahrungen, Hunger und Durst aushalten und die Konfrontation mit dem Unbekannten, das uns in der Wüste erwartet.

Auf dem Weg durch die Wüste stellen sich den Israeliten Feinde entgegen (Exodus 17,8ff). Übertragen auf unsere Erfahrungen sind das die Ängste, die uns hier begegnen und die uns sagen: »Du kannst nicht fasten. Du schadest dir nur selbst.« Zudem begehrt das Volk Israel auf seinem Wüstenweg gegen Gott auf. Es möchte den Weg in die Freiheit nicht gehen (Exodus 16,3). Wir erleben in uns die gleiche Spannung auf unserem Weg. Auf der einen Seite wollen wir in die Freiheit und zu unserem wahren Selbst gelangen, auf der anderen Seite aber spüren wir den Widerstand gegen diesen Weg, weil er uns zu beschwerlich ist. Lieber wollen wir in der alten Lebenssituation bleiben, in der wir uns zwar »versklavt« fühlen, aber immerhin genug zu essen haben.

Auf dem weiteren Weg durch die Wüste töten giftige Schlangen die Israeliten, die sich gegen Gott aufgelehnt haben. Als sie zu Mose um Hilfe schreien, wendet der sich an Gott. Dieser befiehlt ihm, eine eiserne Schlange auf einer Fahnenstange aufzurichten. Wer auf die Schlange schaut, wird von seinen Wunden geheilt. Das Johannesevangelium sieht in der eisernen Schlange ein Vorbild für Christus am Kreuz: »Wie Mose die Schlange in der Wüste erhöht hat, so muss der Menschensohn erhöht werden, damit jeder, der glaubt, in ihm ewiges Leben hat« (Johannes 3,14f). Die Wüste ist der Ort, an dem wir uns unserer Wunden bewusst werden, die durch das Gift der Verbitterung entstanden sind oder die Menschen uns durch ihre Ablehnung und ihren Hass zugefügt haben. In der Fastenzeit stellen wir uns bewusst unseren Wunden und schauen auf das Kreuz, in der Hoffnung, dass die Liebe, die am Kreuz sichtbar wird, alles Giftige aus uns heraustreibt und uns stattdessen mit Liebe erfüllt.

23

Sich etwas vornehmen

Benedikt hat in seiner Regel ein eigenes Kapitel über die Fastenzeit geschrieben. Es ist für ihn eine besondere Zeit, die aber nicht von einer lebensverneinenden Stimmung, sondern von der Freude des Heiligen Geistes geprägt ist. So schreibt er: »Gehen wir also in diesen Tagen über die gewohnte Pflicht unseres Dienstes ein wenig hinaus durch besonderes Gebet und durch Verzicht beim Essen und Trinken. So möge jeder über das ihm zugewiesene Maß hinaus aus eigenem Willen in der Freude des Heiligen Geistes Gott etwas darbringen: Er entziehe seinem Leib etwas an Speise, Trank und Schlaf und verzichte auf Geschwätz und Albernheiten. Mit geistlicher Sehnsucht und Freude erwarte er das heilige Osterfest« (Regel Benedikts 49,5–7). Das, was der einzelne Mönch sich für die Fastenzeit vornimmt, »unterbreite er seinem Abt. Es geschehe mit seinem Gebet und seiner Einwilligung, denn was ohne Erlaubnis des geistlichen Vaters geschieht, wird dereinst als Anmaßung und eitle Ehrsucht gelten und nicht belohnt werden« (Regel Benedikts 49,8f).

Auf den ersten Blick wirkt das autoritär. Doch in Wirklichkeit spricht aus dieser Anweisung viel Weisheit. Zum einen soll der Mönch sich etwas vornehmen, das er dem Abt oder dem geistlichen Vater vorlegen will. Indem er das, was er sich vornimmt, einem anderen zeigt, verpflichtet er sich, sein Übungsprogramm die ganze Fastenzeit über durchzuhalten. Wenn er sich den Vorsatz nur im Stillen nimmt, wird er genügend Gründe finden, ihn zu übergehen oder gar zu vergessen. Zum anderen soll die Vorlage einem erfahrenen geistlichen Begleiter gegenüber eine Korrektur sein. Vielleicht nimmt sich der Mönch etwas vor, um damit anzugeben, oder etwas, das er allzu leicht umsetzen kann, oder etwas, was ihm letztlich schadet, weil es sein eigenes Maß übersteigt. Der erfahrene geistliche Begleiter weiß, was dem anderen eigentlich guttun würde. So kann er mit dem Mönch besprechen, was ihn in der Fastenzeit auf seinem spirituellen Weg voranbringt und was für ihn angemessen ist.

Diese Ideen für die Fastenzeit sind nicht nur für Mönche und auch nicht nur zur Zeit Benedikts sinnvoll gewesen. Auch heute ist es gut, sich für die Fastenzeit zu überlegen, worauf man verzichten möchte, was man sich vornehmen will. Das betrifft nicht nur das Essen und Trinken, sondern vor allem auch das Gebet und den Verzicht auf leeres Geschwätz. Und auch heute ist es sicher eine gute Idee, einem vertrauten Menschen davon zu erzählen. Einerseits um dem eigenen Vorsatz mehr Gewicht und mehr Verbindlichkeit zu verleihen, andererseits um den anderen um Rat zu fragen, ob er diesen Vorsatz für umsetzbar und heilsam hält, damit die Fastenzeit zu einer Zeit der Heilung werden kann.

Sich etwas vornehmen

24

Fasten für jemand anderen

Sowohl in der Bibel als auch in der christlichen Tradition kennt man das Fasten, das man für einen anderen oder für die Gemeinschaft auf sich nimmt. Man möchte dann mit dem Fasten um die Lösung von schwierigen Konflikten in der Gemeinde beten oder eine Gefahr für die Gemeinschaft abwenden. So heißt es bei Esra 8,21–23: »Dann rief ich dort am Fluss bei Ahawa ein Fasten aus; so wollten wir uns vor unserem Gott beugen und von ihm eine glückliche Reise erbitten für uns, unsere Kleinen und unsere ganze Habe. Denn ich schämte mich, vom König Soldaten und Reiter zu fordern, die uns gegen Feinde auf dem Weg beistehen sollten [...] Wir fasteten also und suchten in dieser Sache Hilfe bei unserem Gott und er erhörte uns.«

Im Fasten erkennt der Fromme, dass er sich nicht aus eigener Kraft gegen die Feinde verteidigen kann, sondern ganz auf die Hilfe Gottes angewiesen ist. So lässt auch Joschafat ein Fasten ausrufen, als sich die feindlichen Heere nahen (vgl. 2 Chroniken 20,1–7). Er mindert seine vitale Kraft durch das Fasten, um seinem Glauben Ausdruck zu verleihen, dass in dieser Situation nur Gott helfen kann.

Die Praxis, für andere zu fasten, finden wir auch bei den frühen Mönchen. So forderte ein Abt die Mönche auf, für einen Bruder zu fasten, der in Sünde gefallen war und nun im Sterben lag: »Sie begannen also zu fasten unter Tränen und zu Gott zu flehen, dass er barmherzig sei. Drei Tage und drei Nächte verbrachten sie fastend, ohne etwas zu essen, weinend und über den Verlust des Bruders klagend. Und der Vater des Klosters sah in einer Vision den Erlöser, der sich durch die Mühe der Brüder bewegen ließ« (Regnault 598).

Die Mönche im 4. Jahrhundert zeigten so im Fasten für einen anderen ihre Solidarität mit ihm. Anstatt ihn zu verurteilen, fasteten und beteten sie für ihn. Es geht nicht darum, dass Gott sich nur durch Fasten bewegen lässt. Vielmehr wirkt das mit Fasten verbundene Beten auf den Mönch, der sich auf dem Sterbebett all seiner Sünden erinnert.

Das Fasten für andere Menschen finde ich aus drei Gründen auch heute noch hilfreich: Zum einen bekenne ich darin meine eigene Ohnmacht. Ich allein kann dem anderen nicht helfen. Ich schwäche mich im Fasten, um mein Vertrauen ganz und gar auf Gott zu setzen. Der zweite Grund: Im Fasten werde ich offen für den anderen und barmherzig. Das hebräische Wort für »Barmherzigkeit« hängt mit dem Begriff für Mutterschoß zusammen. Ich nehme im Fasten den anderen gleichsam in meine mütterliche Liebe hinein und fühle mich den ganzen Tag über mit ihm verbunden. Der dritte Grund: Meine Fürbitte für den anderen ist nicht nur ein kurzer Gedanke. Wenn ich einen ganzen Tag lang für einen anderen faste, dann denke ich den ganzen Tag an ihn. Und ich meine es ernst mit meiner Bitte. Ich spüre im Fasten den inneren Verzicht. Ich bete leibhaft für den anderen. Das Fasten ist Ausdruck meiner Liebe zu diesem Menschen.

Die Erfahrung zeigt, dass das Fasten für einen anderen zumindest mich selbst verwandelt. Dazu ein Beispiel: Bei einem Fastenkurs fastete ein Vater für seinen Sohn, mit dem er große Probleme hatte. Durch das Fasten spürte er einen heftigen Drang, zu seinem Sohn zu fahren und mit ihm zu sprechen. Plötzlich war da eine große Nähe zwischen Vater und Sohn und sie verstanden sich auf neue Weise. Das Fasten hat die Beziehung verwandelt.

In besonderer und außergewöhnlicher Weise hat Mahatma Gandhi die Verbindung von Fasten und Beten aufgezeigt. Er schreibt: »Meine Religion lehrt mich, dass man in einer Not, die man nicht lindern kann, fasten und beten muss« (Gandhi 57). Gandhi fastete immer, wenn er spürte, dass Verhandlungen mit Parteien, die unterschiedlicher Ansicht waren, keinen Erfolg hatten. Für ihn war das Fasten eine politische Aktion. Aber zugleich war es das Gebet und die Bekenntnis, dass Gott allein das Herz der Menschen wandeln kann. Gandhi fastete jedoch niemals, um etwas zu erzwingen oder seine Meinung durchzusetzen, sondern immer in Liebe für andere, um eine Einigung zu erreichen, neue Möglichkeiten zu eröffnen. Die Liebe ist für ihn die unbedingte Voraussetzung für ein angemessenes Fastens und Beten für andere.

25

Fastensonntage – Auszeit für den Körper

Die Sonntage der Fastenzeit gelten nicht als Fasttage – sie sind kleine Pausen in der Strenge dieser Zeit. Wenn man die Woche über das Trainingsprogramm des Fastens konsequent durchgeführt hat, tut es gut, eine kleine Pause einzulegen, um dem Körper und auch der Seele Zugeständnisse zu gewähren. Die Unterbrechung des Fastens ist aber in der christlichen Tradition nicht nur ein Zugeständnis an den Körper. Es soll auch den Geist öffnen für die Frohe Botschaft, die an den Fastensonntagen verkündet wird, die schon von der Auferstehung Jesu künden. Auf diese Frohe Botschaft am Sonntag kann man nicht mit Fasten reagieren, sondern indem man freudig Mahl hält.

Generell wird an allen Sonntagen im Jahreskreis die Auferstehung Jesu gefeiert. An jedem Fastensonntag wird noch einmal deutlicher etwas vorweggenommen, was dann an Ostern öffentlich gefeiert wird. Am zweiten Fastensonntag wird das Evangelium von der Verklärung Jesu vorgelesen, das schon vorab einen Schein auf Ostern wirft. Auch an den anderen Sonntagen werden Bibelabschnitte gelesen, die das Geheimnis der Auferstehung bereits andeuten, zum Beispiel das Gespräch Jesu mit der Samariterin (Johannes 4), die Geschichte von der Heilung des Blindgeborenen (Johannes 9) oder der Auferweckung des Lazarus (Johannes 11). Mit diesen Geschichten erhalten wir sozusagen das Wasser, das unseren Durst für immer löscht, da werden unsere Augen geöffnet und wir werden durch den Ruf Jesu herausgelockt aus dem Zustand des Todes ins wahre Leben. Das Fasten bereitet uns darauf vor, diese Texte in ihrer befreienden Botschaft zu hören. Und wenn wir sie hören, laden sie uns ein, dankbar diese heilenden Worte zu feiern.

Diese Texte weisen andererseits auch auf die Taufe hin, die in früheren Zeiten in der Osternacht gefeiert wurde. Auch heute noch werden Erwachsene oft in der Osternacht getauft. In der Taufe geht es darum, Anteil an der Quelle des Heiligen Geistes zu erhalten, uns die Augen zu öffnen. In der Taufe – so sagt uns Paulus in Römer 6 – werden wir mit Christus begraben, um mit ihm zu einem neuen Leben aufzustehen. An den Sonntagen der Fastenzeit leuchtet dieses Geheimnis der Auferstehung bereits auf. Und dieses Aufleuchten unterbricht das Fasten und lässt uns jetzt schon – in dem Maß, das der Fastenzeit entspricht – die Auferstehung Jesu in Essen und Trinken feiern.

26

Frieden finden

Benedikt mahnt seine Mönche im Kapitel über die Fastenzeit, sich »um das Gebet mit Tränen« zu bemühen (Regel Benedikts 49,4). Sicher nehmen wir uns in diesen Tagen mehr
Zeit für das Gebet. Aber es geht nicht darum, ein Pensum zu
erledigen, es geht nicht um eine Leistung, die uns abgefor-
dert wird. Mit »Gebet unter Tränen« beschreibt Benedikt die
mystische Dimension des Gebetes. Der Wüstenvater Evagri-
us Ponticus meinte einmal, wer im Gebet noch nie geweint
habe, der habe auch Gott noch nicht erfahren. Wenn mich das
Fasten für Gott öffnet und ich im Gebet Gottes Nähe auf neue
Weise erleben darf, dann ist die angemessene Reaktion darauf, in Tränen auszubrechen. Tränen zeigen die Tiefe meines
Gotteserlebnisses. Und in ihnen lösen sich alle Spannungen,
da komme ich in einen tiefen Frieden mit mir selbst, mit den
Menschen und mit Gott.

Beten bedeutet nicht nur, zu Gott oder mit Gott zu sprechen.
Gebet ist wesentlich Begegnung. Und in der Begegnung mit

Gott begegne ich immer auch mir selbst, jedoch angesichts der unendlichen Liebe Gottes. Die Erfahrung dieser Spannung zwischen meiner eigenen Erbärmlichkeit und der übergroßen Barmherzigkeit drückt sich in Tränen aus. Zugleich entsteht auf einmal ein tiefer Friede. Denn ich höre auf, mich zu bewerten. Ich erfahre Gottes Liebe, die mich bedingungslos annimmt. Diese Liebe schenkt mir einen Frieden, der nicht mehr von Selbstvorwürfen beeinträchtigt wird. Es ist ein Frieden in Gott. In Gott komme ich jedoch auch in Frieden mit mir selbst und den Menschen in meinem Umfeld. Ich höre auf, die anderen zu bewerten, denn weil ich meiner eigenen Begrenztheit in der Liebe Gottes begegnet bin und trotzdem von ihm angenommen bin, kann ich die Begrenztheit der anderen annehmen, ohne sie zu beurteilen. Ich weiß, dass auch sie von Gott bedingungslos angenommen sind.

Die Kirchenväter haben die Fastenzeit als eine Zeit gepriesen, die Frieden schafft in der zerstrittenen Welt. Auch heute beten wir in der Fastenzeit bewusst um den Frieden in unserer Welt. Wenn uns das Gebet mit Gott und mit uns selbst verbindet, dann erleben wir auch in uns einen Frieden, der es uns ermöglicht, mit anderen in Frieden zu leben. Denn wir fühlen uns in der Tiefe mit ihnen verbunden. Wir hören auf, sie zu bewerten. Wir sehen sie alle als Menschen, die auf dem Weg zu Gott sind, die die gleiche Sehnsucht haben wie wir selbst.

27

Den Leib wertschätzen

Das Fasten ist kein »Wüten gegen den Leib«, sondern es dient der Vergeistigung des Leibes. So meint der Kirchenvater Ambrosius, wir sollten wie der Prophet Elija »die Natur des menschlichen Leibes durch die Kraft des unverderblichen Fastens verwandeln«. Mit ihrem Fasten bezeugen die Mönche das neue Leben der Auferstehung. Es entzieht den Leib der Herrschaft des Bauches und macht ihn den irdischen Bedürfnissen gegenüber freier. Es verhilft uns jetzt schon zu dem geistigen Leib, von dem Paulus im ersten Korintherbrief schreibt: »Wie wir nach dem Bild des Irdischen gestaltet wurden, so werden wir auch nach dem Bild des Himmlischen gestaltet werden« (1 Korinther 15,49). Daher mahnen die Mönche, dass wir im Fasten gut mit unserem Leib umgehen sollen. Denn er ist bestimmt für die Auferstehung. Teresa von Ávila hat das berühmte Wort geprägt, wir sollten so mit unserem Leib umgehen, dass unsere Seele Lust hat, darin zu wohnen. Wer seinen Leib ablehnt, für den hat das Fasten etwas Zerstörerisches und Lebensverneinendes. Augustinus ist der Ansicht, dass man durch die Freude des Geistes zum Fasten getrieben wird. Statt an irdischen Speisen sollen wir uns an den geistlichen Dingen erfreuen und sie genießen. Ein Bild für die Vorbereitung unseres Leibes auf die Auferstehung ist das vom engelgleichen Leben, der sogenannten *vita angelica*. Das Fasten ist also ein Weg, um wie die Engel ständig in vertrautem Umgang mit Gott zu leben. Der Kirchenvater Athanasius der Große meint: »Das Fasten ist das Leben der Engel, das jene, die sich ihm hingeben, ins Reich der Engel versetzt« (Athanasius, *De virginitate*).

Die Bilder zeigen, dass das Fasten für die Mönche mit Freude und nicht mit Härte verbunden ist. Es versetzt sie schon hier in das Paradies, wo sie wie die Engel unmittelbaren Kontakt mit Gott haben. Das klingt auch in der Bemerkung des Evangelisten Matthäus an, wenn er am Ende der Geschichte über die Versuchung Jesu in der Wüste schreibt: »Darauf ließ der Teufel von ihm ab, und siehe, es kamen Engel und dienten ihm« (Matthäus 4,11). Der Berg der Versuchung wird zum Berg des Paradieses. Bei Markus heißt es, dass Jesus die ganzen vierzig Tage mit den wilden Tieren lebte, die ihm nichts anhaben konnten, weil die Engel ihm dienten. Beim Fasten selbst – nicht erst nach dem Fasten, wie es bei Matthäus zu lesen ist – waren die Engel immer bei ihm. Das ist auch ein Bild für unser Fasten heute: Wir sind nicht allein. Die Engel begleiten uns. Von den Engeln heißt es, dass sie Tag und Nacht das Antlitz Gottes schauen (vgl. Matthäus 18,10). Während wir fasten, dürfen wir also manchmal jetzt schon das Antlitz Gottes schauen. Das verwandelt uns, lässt uns jetzt schon teilhaben am engelgleichen Leben.

28

Licht werden

Am zweiten Fastensonntag wird in jedem Jahr das Evangelium von der Verklärung Jesu vorgelesen. Damit wird in der Liturgie deutlich, worum es im Fasten geht: dass wir wie Jesus verklärt werden, dass alles Trübe in uns klar wird, dass das Eigentliche in uns zum Vorschein kommt. Auf dem Berg der Verklärung sehen die Jünger, dass Jesu Gesicht plötzlich leuchtet. Sein göttlicher Glanz strahlt aus seinem Gesicht auf die Jünger. Dann sind Mose und Elija bei ihm, und die drei unterhalten sich. Sowohl Mose als auch Elija durften nach ihrer Fastenerfahrung ebenfalls Verklärung erleben. Von Mose heißt es, als er nach dem vierzigtägigen Fasten vom Berg Horeb herabstieg: »Während Mose vom Berg heruntersteig, wusste er nicht, dass die Haut seines Gesichtes strahlte, weil er mit ihm geredet hatte. Aaron und alle Israeliten sahen Mose und siehe: Die Haut seines Gesichtes strahlte und sie fürchteten sich, in seine Nähe zu kommen« (Exodus 34,29f).

Auch Elija macht nach seinem vierzigtägigen Fasten auf dem Berg Horeb eine intensive Gotteserfahrung. Gott zeigt sich ihm aber nicht wie sonst manchmal in der Bibel im Erdbeben oder im Sturm oder im Feuer, sondern im leisen Säuseln des Windes, »in der Stimme verschwebenden Schweigens«, wie der jüdische Religionsphilosoph Martin Buber diese Stelle übersetzt.

Verklärung bedeutet, dass mit einem Mal alles klar wird und das ursprüngliche und unverfälschte Bild, das Gott sich von jedem von uns gemacht hat, in uns aufscheint. Der Schriftsteller Erhart Kästner schreibt dazu: »Verklärung ist Durchschein des Urbilds [...] Wir leben auf Verklärungen zu, worauf sollten wir sonst, es ist unsere angeborene Hoffnung [...] Verklärung gehört zu unserer Erfahrung, sie gehört zu unserem Leben. Und das weiß auch jeder, dass nur die Liebesblicke es sind, die die Kraft der Verklärung besitzen« (Kästner 25f).

In der Fastenzeit geht es darum, dass auch in uns das Urbild durch unser alltägliches Bild hindurchscheint und die Liebe, die uns im Blick Jesu begegnet, uns verwandelt, die ursprüngliche Schönheit in uns aufstrahlen lässt.

29

Österlich leben

Im Fastenkapitel seiner Regel schreibt Benedikt seinen Mönchen sozusagen ins Stammbuch: »Mit geistlicher Sehnsucht und Freude erwarte er das heilige Osterfest« (Regel Benedikts 49,7). Der lateinische Text heißt wörtlich übersetzt: »Mit der Freude der geistlichen Sehnsucht«. Österlich leben bedeutet, sich nach dem Osterfest zu sehnen, nach dem Fest, an dem das Leben über den Tod siegt und sich die Liebe als stärker erweist als der Tod. In dem Bewusstsein, dass an Ostern neues Leben in uns aufblüht, fasten wir, bereiten wir unseren Leib und unsere Seele auf die Erneuerung unseres Lebens vor, die wir in der Auferstehung Jesu an Ostern feiern. Österlich zu leben bedeutet, all das, was wir erleben, zu relativieren: Es ist alles nur vorläufig. Wir gehen nicht auf in den Geschäften des Alltags. Wir leben auf die Auferstehung hin, in der alles in einem neuen Licht erscheint.

Das meint auch: der Sehnsucht in sich Raum zu geben. Die Sehnsucht ist die Spur, die Gott in unser Herz gegraben hat.

Wir können Gott oft nicht spüren, wohl aber die Sehnsucht nach ihm. Ähnlich ist es mit dem Geheimnis der Auferstehung. Für viele ist Auferstehung schwer zu begreifen. Aber in uns ist eine Sehnsucht, dass unser Leben neu werden kann, dass wir nicht festgelegt sind auf das Alte, auf das, was wir bisher gelebt haben, dass etwas Neues in uns aufbrechen kann, dass wir etwas von der Freiheit erleben, die in der Auferstehung Jesu sichtbar wird. Wenn der Tod in der Auferstehung Jesu überwunden worden ist, dann dürfen wir darauf vertrauen, dass all die Bedrängnisse, die uns manchmal belasten und beschweren, überwunden werden, dass sie keine letzte Macht über uns gewinnen.

Die Fastenzeit will uns mit dieser Sehnsucht in Berührung bringen, die wir alle in uns tragen. Antoine de Saint-Exupéry meinte einmal, dass in der Sehnsucht nach Liebe schon die Liebe selbst sei. So können wir auch sagen: In der Sehnsucht nach Auferstehung, nach dem neuen Leben ist schon der Keim des Neuen in uns ausgesät und wir dürfen hoffen, dass er an Ostern neu aufblüht.

Österlich zu leben heißt, auf die Auferstehung hin zu leben, aber es bedeutet auch, jetzt schon aufzustehen von alten Lebensmustern, in die Freiheit und Liebe hinein aufzustehen, in neue Möglichkeiten, an die uns das Fasten erinnern möchte.

30

Fastenzeiten –
Zeit der Vorbereitung

In der frühen Kirche und im Mönchtum kannte man nicht nur die eine Fastenzeit als Vorbereitung auf Ostern. Es gab noch weitere Zeiten, in denen man Verzicht übte. So galt beispielsweise auch die Adventszeit als Fastenzeit, in der man sich auf Weihnachten vorbereitete. Heute ist diese Zeit des Jahres eher das Gegenteil: Es werden Plätzchen und Lebkuchen gebacken und gegessen und Süßigkeiten haben Hochkonjunktur. Auch vor den großen Festen wie Pfingsten, Mariä Himmelfahrt und Allerheiligen wurde früher jeweils einen Tag lang gefastet.

Die orthodoxe Kirche kannte zudem noch weitere Fastenzeiten: Da gab es das Apostelfasten, das vom Sonntag nach Pfingsten bis zum 29. Juni, dem Fest von Peter und Paul, galt, und das Marienfasten, das vom 1. bis zum 14. August gehalten wurde als Vorbereitung auf das Fest der Entschlafung Mariens, das in der Westkirche als Mariä Himmelfahrt beziehungsweise als Aufnahme Mariens in den Himmel gefeiert wird. Wie die Ostkirche kannten auch die Mönche im Mittelalter das Marienfasten in der ersten Hälfte des Augusts.

In der katholischen Tradition war es üblich, dass der Bischof vor seiner eigenen Bischofsweihe fastete und dass er, bevor er die Priesterweihe spendete, dies ebenfalls tat. Bei der eigenen Weihe, um für den Geist Gottes offen zu sein, den er in diesem Moment empfängt, und bei der Priesterweihe, um durchlässig zu sein für den Geist Gottes, wenn er dieses Sakrament spendet. Auch der Priester sollte vor seiner Weihe fasten. Das Fasten sollte ihn öffnen für die Kraft des Heiligen Geistes, den er durch die Handauflegung des Bischofs und anderer Priester empfängt.

Noch bis in die Siebzigerjahre war es zudem üblich, dass man vor dem Kommunionempfang nichts aß, um dem Geheimnis der eucharistischen Speise gerecht zu werden. Fasten war immer Vorbereitung auf etwas Heiliges, entweder auf wichtige Feste, um sie intensiv feiern zu können, oder aber auf ein heiliges Geschehen wie das der Weihe.

Im Fasten öffnet man sich für das Wirken Gottes. Und zugleich bekennt man im Fasten, dass nicht wir die Welt verwandeln können, sondern nur Gott. Wir bekennen unsere Ohnmacht, um der Macht Gottes in uns Raum zu geben.

Islamische Aspekte

AHMAD MILAD KARIMI

31

Der Monat Ramadan

Der islamische Kalender richtet sich nach dem Mond, sodass Monate immer mit dem Neumond beginnen und etwa 29 oder 30 Tage dauern. Der Ramadan, der neunte Monat des islamischen Kalenders, verschiebt sich daher jedes Jahr um etwa zehn bis elf Tage rückwärts durch das christliche Sonnenjahr. Anders als die christliche Fastenzeit, die immer vor Ostern und damit zu einer festen Jahreszeit stattfindet, kann der Ramadan in jede Jahreszeit fallen – in den Sommer wie in den Winter – und ist nicht an eine feste Jahreszeit gebunden.

Das Fasten im Ramadan ist wie ein Ruf, eine Einladung, den Lärm des Lebens für eine Weile zu unterbrechen. Das arabische Wort ṣaum bedeutet, Ruhe zu finden, Stille zu atmen. Und so ist der Ramadan auch eine Zeit, in der sich die Türen des Alltäglichen leise schließen. Es herrscht eine Ruhe, die über das Äußere hinausgeht. Ein Moment, in dem das Drängen der Welt in den Hintergrund tritt, weil etwas Tieferes an die Oberfläche kommen möchte. »O ihr, die ihr glaubt! Das Fasten ist euch vorgeschrieben« (Koran 2,183). Als eine Grundsäule des Islams wird das Fasten zur Pflicht des Herzens, sich in Enthaltsamkeit zu üben. Schwangere, stillende Mütter, Kranke und Kinder sind von der Fastenpflicht ausgenommen.

Und doch geht es um mehr als nur das Einhalten von Regeln. Das Fasten führt uns tiefer, hin zu der Frage, was uns im Kern belebt, was wesentlich ist. Zwischen Sonnenaufgang und Sonnenuntergang entziehen wir uns dem, was uns sonst Halt gibt – Nahrung, Wasser, körperliche Nähe – und lernen, dass es diese Dinge nicht sind, die unser Leben in Wahrheit tragen. Sie sind die Mittel, aber nicht der Zweck.

Doch all das wird von Gläubigen meist nicht als Last empfunden. Vielmehr offenbart das Fasten ihnen Antworten auf existenzielle Fragen: Was trägt uns wirklich, wenn wir uns von diesen Dingen lösen? Was bleibt, wenn Brot und Wasser uns nicht länger nähren? Im Fasten liegt die Einladung, zu sich selbst zu finden. Was wir loslassen, entgleitet uns nicht; es wird uns in neuer Form geschenkt: Der Hunger nach mehr wird verwandelt in die Sehnsucht nach dem, was uns wirklich nährt. Vielleicht ist es die Nähe zu Gott, die wir in all dem wieder spüren. Im Ramadan wird das Leben unterbrochen, aber nicht zum Stillstand gebracht. Vielmehr ist es, als würde alles für einen Moment zur Ruhe kommen, um Raum für das Wesentliche zu schaffen. Das alltägliche Rauschen, der Lärm, das ewige Streben nach mehr – all das verblasst. Wir fasten nicht nur mit dem Körper, sondern mit dem Geist, mit der Seele. Es ist ein innerer Rückzug, der uns befähigt, neu zu sehen, zu hören, zu fühlen.

Im Ramadan ist das Fasten keine Flucht, sondern eine Heimkehr. Es ist die Rückkehr zu dem, was immer schon in uns war, aber zu leise sprach, um gehört zu werden. Es geht nicht nur darum, von Sonnenaufgang bis Sonnenuntergang auf Nahrung zu verzichten – es ist, als würde man von sich selbst zurücktreten und beobachten, was bleibt, wenn all die Gewohnheiten des Alltags zurücktreten.

Die Entbehrung wird zur Begegnung mit dem Göttlichen, zum Erkennen der eigenen Grenzen. Und gerade in dieser Begrenzung entfaltet sich die Fülle des Lebens, die nicht aus der Welt kommt, sondern aus der Sehnsucht zu Gott erwächst. Das Fasten ist wie eine Übung des Herzens. Was wir nicht mehr festhalten, lässt uns plötzlich los. Die Dinge, die uns sonst im Griff haben, verlieren ihre Macht, weil wir unser Herz von ihnen lösen. Wir befreien uns nicht nur von dem, was wir in der Hand halten, sondern auch von dem, was unser Herz gefangen hält.

Der Moment des Fastenbrechens, *iftār*, wird dann zu einem Fest der Sinne. Wenn das Wasser nach einem langen Tag die Lippen berührt, wird es zum süßesten Geschenk, das wir uns vorstellen können und das wir sonst oft in dieser Weise nicht wahrnehmen. In dieser Achtsamkeit spüren wir: Wir sind Teil von etwas Größerem, einem Netz von Beziehungen, in dem das Teilen von Brot mehr ist als nur eine Geste. In diesem Augenblick, in dem das Gewöhnliche plötzlich heilig wird, erfahren wir Dankbarkeit. Die stille Wertschätzung für das Einfache verbindet uns miteinander – wir teilen das Brot, das Wasser, das Leben. Der Ramadan wird so zur Zeit des Teilens, der Achtsamkeit, der Gerechtigkeit.

In der Tiefe dieses Verzichts, in der Einsicht, dass all dies uns nicht gehört, offenbart sich die wahre Freiheit des Fastens, die uns Gott näherbringt, uns aber auch sensibilisiert für die Bedürfnisse der anderen. »Obgleich der Glaube auf Pfeilern ruht, ist, bei Gott!, das Fasten der größte Pfeiler«, schrieb der muslimische Mystiker Rumi. Denn im Fasten wird das Herz weit und frei, bereit, die Welt mit anderen Augen zu sehen.

Ramadan ist eine Zeit der Offenheit, der inneren und äußeren Begegnung, und das Fasten ist sein tiefster Ausdruck – ein stilles Gebet des Herzens, das uns lehrt, dass wahrer Reichtum darin besteht, arm zu sein vor Gott.

32

Den Glauben leben

Das Fasten ist eine der fünf Säulen des Islams und bildet ein zentrales Element des Glaubens. Im Ramadan spüren wir den Rhythmus des Glaubens in jeder Stunde. In diesem Monat bin ich ganz in meinen Glauben vertieft, in eine innere Zwiesprache mit meinem Schöpfer versunken.

Im Koran wird das Fasten nicht nur als eine religiöse Pflicht beschrieben, sondern als eine Möglichkeit, den eigenen Glauben zu festigen und die eigene Spiritualität zu entfalten. Es fordert uns auf, über das Materielle hinauszuschauen und uns mit der Einfachheit des Lebens zu verbinden. Diese Zeit der Entbehrung ist eine Gelegenheit zur Selbstreflexion, in der wir uns fragen können: Was ist der Sinn unseres Lebens? Warum glauben wir überhaupt? Und welche Bedeutung hat dieser Glaube für unser Leben?

Es ist eine Zeit des Aufbruchs, in der wir die Möglichkeit haben, unsere Bindungen zu erneuern und unsere Absichten zu klären. In der Enthaltsamkeit finden wir Ruhe, und im Verzicht auf das Gewöhnliche öffnen wir die Tür zu einem tieferen Verständnis unseres Glaubens.

Diese Säule des Islams lässt sich als eine kollektive Praxis begreifen, die alle Muslime vereint, unabhängig von geografischer oder sozialer Herkunft. Wenn wir am Ende des Tages zusammenkommen, um das Fasten zu brechen, erleben wir die Freude des Miteinanders. Diese gemeinsamen Momente erinnern uns daran, dass wir Teil einer größeren Gemeinschaft sind, die in der Suche nach Gott verbunden ist. Im Fasten wird der eigene Glaube zum geteilten Glauben, zur Bindung, aus der Solidarität erwächst.

Indem Muslime sich kollektiv der Fastenpraxis widmen, erfahren sie ein tiefes Gefühl der Zugehörigkeit. In diesen gemeinsamen Erfahrungen wächst die spirituelle Verbundenheit. Das Fasten als Säule des Glaubens bedeutet auch, dass jeder Einzelne auf seiner Reise zur Selbstfindung nicht allein ist. Ramadan ist daher auch eine Einladung, die eigene Spiritualität zu leben und die Freude am Glauben in den Alltag zu integrieren, sodass jeder Tag zu einer neuen Chance wird, Gott näherzukommen. Der Prophet Muhammad sagte einmal, dass alle Werke, die die Menschen tun, ihnen gehörten, »außer dem Fasten«[9]. Das Fasten gehöre Gott. Darin ist die ganze Hingabe an Gott im Fasten ausgedrückt. Es ist ein Dialog jenseits von Worten, eine stille Bitte, sich in der Nähe Gottes zu wissen.

33

Die Bedeutung der Nächte im Ramadan

Die Nächte des Ramadans sind nicht nur Ruhepause vom Fasten, sondern auch Momente, in denen sich die Seele der Dunkelheit zuwendet, um das Licht in ihr zu finden. Während die Welt still wird und die Geschäftigkeit des Tages langsam aufhört, öffnet sich ein Raum der Einkehr. Die Nacht wird zu einer Zeit der Nähe, der Zwiegespräche mit Gott. Es ist, als ob die Dunkelheit uns sanft umarmt und uns ermutigt, die innere Stimme wahrzunehmen, die im Lärm des Tages nicht vernehmbar war.

Im Ramadan spielt die Nacht eine wichtige Rolle. Besonders bedeutsam für den Islam sind die letzten zehn Nächte, weil der Überlieferung nach in einer dieser Nächte der Koran von Gott herabgesandt wurde. In dieser Nacht kamen die Engel auf die Erde herab und verbreiteten Frieden, wie der Koran es andeutet (vgl. Koran 97,5). Daher fordert diese Nacht uns auf, äußerlich und innerlich wachsam zu sein. Die Menschen kommen dann zusammen, beten gemeinsam oder in der Einsamkeit.

Die Nächte des Ramadans sind Zeiten der Besinnung. In diesen ruhigen Stunden, nach dem Fastenbrechen, offenbart sich unser Verhältnis zu Nahrung, zu den Genüssen, zu unseren Begierden und Abhängigkeiten. Die Nacht bringt uns dem näher, was uns wirklich bewegt, denn im Verzicht des Tages liegt die Möglichkeit, sich über unsere Lebensgewohnheiten bewusst zu werden. Dieses Innehalten gibt uns die Kraft, am nächsten Morgen wieder aufzustehen und das Fasten wieder zu beginnen. Wir erkennen, dass das Fasten uns Tag für Tag transformiert, und die Nächte bieten uns die Gelegenheit, diese Veränderung zu sehen und anzunehmen.

Es ist kein Zufall, dass das Fasten im Ramadan den ganzen Tag andauert und sich die spirituellen Gipfelpunkte in der Nacht entfalten. Die Dunkelheit erlaubt uns, unsere Augen von der äußeren Welt abzuwenden und unser inneres Licht zu suchen. Der Prophet selbst verbrachte viele Nächte in stiller Einkehr, im langen Gebet und in tiefem Nachdenken. Die Nacht im Ramadan lädt uns ein, unser Herz zu erleuchten, indem wir es mit Geduld, Gebet und Dankbarkeit füllen. Sie ist eine Zeit der Gnade, in der Vergebung und Heilung möglich werden. So wird die Nacht zu einem Spiegel der Seele, der uns zeigt, was wir loslassen müssen und wo wir wachsen können.

34

Die Bedeutung der Zeit

Das Fasten im Ramadan führt uns unweigerlich zur Reflexion über die Zeit. Durch den langen Verzicht am Tag spüren wir unsere eigene Vergänglichkeit, aber auch die jeder Stunde auf besonders intensive Weise. Die Zeit wird dann zu einer leisen Lehrmeisterin, die uns daran erinnert, wie kostbar jeder Moment ist. Wir zählen die Stunden bis zum Fastenbrechen, doch die Zwischenzeit ist kein bloßes Hindernis, das wir überwinden müssen, sondern vielmehr eine Einladung, uns bewusst mit der Zeit auseinanderzusetzen, die uns gegeben ist.

Wenn wir den Fastentag verschlafen oder uns bewusst die Zeit vertreiben oder sie totschlagen, werden wir den Segen des Fastens nicht zu spüren bekommen. Im Fasten verändert sich unser Verhältnis zur Zeit. Die Stunden dehnen sich aus und jede Sekunde bekommt eine tiefere Bedeutung. Es ist, als würde das Fasten den Takt der Zeit verlangsamen, uns aus dem Strom des Alltags reißen und uns lehren, die Momente mit mehr Achtsamkeit zu betrachten. Jede Stunde des Verzichts wird zu einer Gelegenheit, unsere Prioritäten neu zu ordnen, uns auf das Wesentliche zu konzentrieren und uns von dem zu lösen, was uns sonst zerstreut.

Die Wahrnehmung der Zeit wird geschärft, nicht nur durch die fünf rituellen Gebete, sondern auch durch die tägliche Orientierung am Sonnenuntergang, der das Fastenbrechen signalisiert. Der Blick gen Himmel, das Warten auf den letzten Lichtstrahl, bevor die Nacht eintritt – all dies erinnert uns daran, dass die Zeit bedeutsam ist. Die Fastenstunden selbst sind geprägt von der Abwesenheit materieller Ablenkungen, was uns bewusst macht, wie sehr wir im Alltag von äußeren Reizen beherrscht werden.

Der Verzicht auf Nahrung und Trinken ist nicht nur eine Disziplin für unseren Körper, sondern auch ein spiritueller Ausdruck der Kontrolle über die Zeit. Wir lernen, dass wir nicht immer sofort den Bedürfnissen unseres Körpers folgen müssen, sondern dass es möglich ist, innezuhalten, zu warten, zu reflektieren, den Hunger und den Durst zuzulassen und auszuhalten. Es geht um eine Erfahrung, die wir heute kaum mehr kennen: Hunger zu haben. Denn wir essen zwar häufig zu festen Zeiten, aber oft auch, bevor wir wirklich hungrig sind. Der Magen beginnt sich zusammenzuziehen, der Krampf erfordert, dass wir unseren Atem kontrollieren. So wird das Fasten zu einer Übung in Geduld, zur Übung, sich zu spüren, auf sich zu hören, die uns lehrt, die Dringlichkeit unserer Wünsche zu hinterfragen.

Im Ramadan wird uns auch die Vergänglichkeit unseres Daseins bewusster. Jeder Sonnenuntergang bringt uns dem

Die Bedeutung der Zeit

Ende des Monats näher, und mit jedem Tag erkennen wir, dass auch unser eigenes Leben nur eine begrenzte Spanne hat. Das Fasten öffnet uns die Augen für die Erkenntnis, dass wir oft in Eile leben, ohne die Tiefe des gegenwärtigen Moments zu erkennen. Ramadan lehrt uns, die Zeit nicht als Feind, sondern als Geschenk zu betrachten.

Am Ende des Ramadans, wenn das Fasten vorbei ist, bleibt die Frage: Wie gehen wir anschließend mit der Zeit um? Haben wir gelernt, die Minuten, Stunden und Tage bewusster zu leben? Das Fasten ist eine spirituelle Praxis, die uns lehrt, dass jede Sekunde eine Chance ist, um unser Herz zu öffnen, unsere Gedanken zu klären und unsere Verbindung zu Gott zu stärken.

35

Versöhnung

Während des Fastens, wenn der Körper nach Nahrung und der Geist nach Frieden verlangt, wird die Sehnsucht nach Versöhnung und Heilung besonders spürbar. Das Fasten öffnet ein Fenster in unseren Herzen, durch das wir uns und andere in einem neuen Licht betrachten können. So ist der Ramadan insgesamt ein Ruf nach innerer und äußerer Versöhnung, ein Aufruf zur Aussöhnung mit uns selbst und mit jenen, die wir auf unserem Lebensweg verletzt oder von denen wir uns entfernt haben. Das Fasten ist aber auch eine Einladung zur Versöhnung – mit unseren Mitmenschen, mit uns selbst und mit Gott. Durch den Verzicht weitet sich das Herz, wir können den Stolz und die Härte des Egos hinter uns lassen, um Raum zu schaffen für Vergebung. Diese beginnt oft in uns selbst – als ein stilles Erkennen der eigenen Fehlbarkeit, als ein Bedürfnis nach Gerechtigkeit, das über das eigene Ego hinausgeht.

Die inneren Konflikte, die oft in der Hektik des Lebens verborgen bleiben, treten an die Oberfläche, sie werden im Fasten sichtbar. Diese Konfrontation führt oft dazu, dass wir erkennen, wie tief uns manche Missverständnisse, alte Wunden oder ungelöste Konflikte belasten.

Die Versöhnung ist ein Akt der Hingabe – nicht nur an den anderen, sondern auch an uns selbst. So können wir die Vergebung als eine Stärke begreifen, die aus der bewussten Entscheidung erwächst, Frieden zu stiften, sich selbst und andere zu heilen. Es ist ein Prozess der Reinigung unseres Herzens von Bitterkeit und Unversöhnlichkeit, die oft die tiefsten Quellen von Unruhe sind. Doch wahre Versöhnung bedeutet auch eine Bewegung hin zu Gott: Wir legen unseren Stolz ab, senken den Kopf, wie einst der Prophet Muhammad, und erkennen, dass jede Unversöhnlichkeit in unserem Herzen wie ein Schatten auf unserer eigenen Seele lastet. Durch das Fasten gelingt es uns oft, die Verletzungen der Vergangenheit, die schmerzvollen Erinnerungen loszulassen.

Fasten ist ein Neuanfang. Es gibt uns den Mut, Vergebung zu gewähren, auch wenn es schwerfällt. Im Ramadan erinnern wir uns daran, dass die Reise zu Gott auch die Reise zurück zu den Herzen unserer Mitmenschen ist. Es geht also auch um Barmherzigkeit, um Mitmenschlichkeit. Der Ramadan lädt uns dazu ein, nicht nur Vergebung zu gewähren, sondern sie auch zu suchen.

36

Der Umgang mit eigenen Schwächen

Das Fasten legt unsere Schwächen offen, wir spüren plötzlich, dass es nicht der leere Magen ist, der am schwersten zu ertragen ist, sondern das Gefühl, die Kontrolle über die eigenen Emotionen zu verlieren. Zorn, Wut, der Drang, über die Schwächen der anderen zu reden – all das, was im normalen Alltag oft unterdrückt oder verborgen bleibt, kommt im Verzicht auf intensive Art zum Vorschein. Wir erkennen, dass die Wut, die in uns aufsteigt, oft ein Zeichen unserer eigenen inneren Unruhe ist.

Der Verzicht auf das Unnötige gibt uns den Raum, diese Unruhe zu betrachten, ohne uns von ihr mitreißen zu lassen. Wenn die Wut uns ergreift, ist es das Fasten, das uns an das höhere Ziel erinnert: die Läuterung des Herzens, das Streben nach der Nähe Gottes. Es wird zu einem Weg, unsere Schwächen zu erkennen, sie anzunehmen und sie in Geduld und inneren Frieden zu verwandeln.

Im Fasten gibt es keine Flucht vor diesen Emotionen und Gewohnheiten. Gleichzeitig fordert es uns dazu heraus, uns nicht von diesen Emotionen überwältigen zu lassen, sondern sie zu erkennen, anzunehmen und zu verwandeln. Der Verzicht auf böse Worte, auf Streit, üble Nachrede und Zorn ist ein Training, das darauf abzielt, den inneren Drang, sich über andere zu erheben, zurückzuhalten und zu erkennen, dass dieser uns selbst verbittert.

Es ist nicht einfach, Zorn zu zügeln, wenn der Körper geschwächt ist. Doch genau diese Schwäche führt uns zu einer tiefen Erkenntnis: dass wahre Stärke nicht in der Beherrschung anderer, sondern in der Beherrschung des eigenen Selbst liegt, wie es der Prophet Muhammad erkannte. Darin steckt ein Paradoxon: Durch die Kontrolle des eigenen Zorns befreien wir uns ein Stück weit von uns selbst, was uns näher zu Gott führt. Denn wie könnten wir nach Gottes Barmherzigkeit streben, wenn wir selbst nicht barmherzig mit uns und unseren Mitmenschen umgehen?

Das Fasten ist vor allem eine Übung des Herzens. Es schult uns darin, Geduld zu üben, in Momenten des Aufruhrs still zu werden und die inneren Kräfte zu beruhigen. Es lädt uns ein, unsere Schwächen nicht zu leugnen, sondern sie anzunehmen und mit ihnen zu arbeiten, sodass wir gestärkt und gereinigt aus dieser Zeit hervorgehen können. Der spirituelle Wert des Fastens liegt nicht darin, perfekt zu sein, sondern sich den eigenen Schwächen zu stellen und mit ihnen zu wachsen.

Der Umgang mit eigenen Schwächen

37

Fastenbrechen

Der Sonnenuntergang malt den Himmel in sanften Farben an, während die letzte Lichtspur des Tages langsam verschwindet. In dieser Stunde, wenn die Sonne ganz untergegangen ist, was das Ende des Fastentages einläutet, breitet sich eine besondere Vorfreude aus: *Iftār* – das Fastenbrechen, ein Moment, der mehr ist als das bloße Essen. Es ist die Rückkehr zu einer Gemeinschaft, zu einer tiefen Verbindung mit Gott und mit sich selbst.

Das Fastenbrechen ist ein ganz besonderer Moment an jedem Tag des Ramadans. Bevor wir den ersten Schluck Wasser oder den ersten Bissen einer Dattel schmecken, formen wir die Hände zu einer Schale und heben sie nach oben, als wollten wir die Huldigung und Dankbarkeit, die in unseren Herzen wohnen, in den Himmel senden. In diesem Moment der Stille, umgeben von den sanften Klängen der Abendgebete, spüren wir die Verbundenheit mit Gott, die uns in diesem heiligen Monat umgibt. Es ist ein Augenblick der Einkehr, in dem wir innehalten, um für die Gaben des Tages zu danken, und die Augen schließen, um die Süße der Dankbarkeit zu schmecken.

Die Tische sind gedeckt mit einer Vielfalt an Speisen, doch das Herz weiß, dass der wahre Genuss nicht nur im Geschmack des Essens liegt, sondern in der dankbaren Erinnerung an den Fastentag, der uns gelehrt hat, geduldig zu sein. Wenn die erste Dattel die Lippen berührt, spürt man, dass die Süße nicht nur den Gaumen erfreut, sondern auch die Seele nährt. Es ist ein Moment der Hingabe, der Achtsamkeit: Wir wissen plötzlich wieder zu schätzen, was wir oft als selbstverständlich erachten. Der Prophet Muhammad empfiehlt, das Fasten tatsächlich mit einer Dattel zu brechen, um die Einfachheit und das Wesentliche im Leben wieder schätzen zu lernen. Die kleine Frucht wird zum Symbol der Fülle, die uns durch den Glauben zuteil wird, und erinnert uns daran, dass auch die kleinsten Dinge göttlich sein können.

Inmitten des *Iftārs*, wenn die Stimmen der Feiernden sich mischen, entstehen warme und innige Gespräche. Wir können die Sorgen des Tages hinter uns lassen und die Herzen öffnen für die Liebe und Dankbarkeit, die uns umgeben. Die Kälte der Entbehrung weicht der Wärme der Gemeinschaft. In diesen Momenten wird deutlich, dass das Fasten nicht nur eine körperliche Übung ist, sondern ein spirituelles Training, das uns lehrt, innezuhalten und die Schönheit des Lebens zu kosten, das Staunen wieder zu entdecken.

So schließen wir den Tag mit einem Gebet, mit einem tiefen Atemzug der Dankbarkeit. Möge das, was wir empfangen ha-

Fastenbrechen

ben, in unseren Herzen verweilen, möge der Geist des Fastens uns auch nach dieser heiligen Zeit begleiten und uns daran erinnern, dass das Brechen des Fastens nicht nur Nahrungsaufnahme bedeutet, sondern ein Schritt in die Fülle des Lebens, die Gott uns anbietet.

38

Fastend durch das Jahr

Das Fasten im Ramadan ist eine Reise, eine Wanderung durch die Zeit, die uns das ganze Jahr hindurch begleitet. Der Ramadan folgt dem Mondkalender, und so wandert er durch die Jahreszeiten, weil die Monate kürzer sind als die Monate des Sonnenjahrs. Manchmal fällt er daher in den Frühling, wenn die Tage länger werden und das Licht der Sonne die Welt durchdringt. Manchmal kommt er im Winter, wenn die Dunkelheit früh hereinbricht und die Nächte lang sind. Jedes Jahr bringt uns der Ramadan an einen anderen Punkt im Kreislauf der Jahreszeiten, und in jeder dieser Zeiten entfaltet das Fasten seine eigene Tiefe, seine eigene Herausforderung.

Im Winter fühlt sich das Fasten anders an. Die Tage sind kurz, die Nächte lang, und das Fasten scheint leichter zu ertragen. Der Hunger ist weniger drängend, aber die Dunkelheit der langen Nächte lässt das Fasten zu einem inneren Dialog werden. Die Gebetsstunden der Nacht ist länger, das Fasten intensiver. In der Stille, die der Winter mit sich bringt, wird das Fasten zu einem Weg der inneren Einkehr. Der Winter führt uns näher an uns selbst, die Kälte zwingt uns dazu, die Wärme in uns selbst zu suchen. Die kurzen Tage geben uns die Möglichkeit, das Fasten nicht nur als Verzicht zu erfahren, sondern als ein ruhiges, stilles Gebet, das tief in uns eindringt.

Im Herbst, wenn die Blätter sich färben und die Natur sich allmählich auf die Ruhe des Winters vorbereitet, hat das Fasten eine ganz andere Qualität. Die kühlere Luft und die kürzeren Tage laden zur inneren Einkehr ein, die Natur selbst ruft uns dazu auf, langsamer zu werden. Es ist eine Zeit des Loslassens und der Vorbereitung auf die Dunkelheit des Winters und die innere Stille, die in dieser Jahreszeit oft spürbar und hörbar wird. Der Herbst lehrt uns, dass das Fasten nicht nur ein Akt des Verzichts ist, sondern auch eine Chance, das Überflüssige abzustreifen und Raum für das Wesentliche zu schaffen.

Wenn der Ramadan in den Sommer fällt, haben die Tage eine besondere Schwere. Die Sonne brennt am Himmel, die Luft steht still und die Hitze dringt tief in den Körper. Die Stunden des Verzichts ziehen sich in die Länge und der Durst wird zum ständigen Begleiter. Doch in dieser Schwere liegt auch eine besondere Form der Hingabe. Der Körper, der erschöpft ist, lehrt uns, dass wir uns nicht nur auf unsere eigene Kraft verlassen können. Wir spüren, wie begrenzt wir sind, und darin öffnet sich der Raum für Gott. Das Fasten im Sommer zeigt uns, dass Hingabe bedeutet, auch die härtesten Bedingungen anzunehmen, nicht um uns zu quälen, sondern weil sie uns an unsere eigene Zerbrechlichkeit erinnern. Diese Zerbrechlichkeit ist der Ort, an dem wir Gott begegnen.

Wenn der Ramadan im Frühling liegt und das Leben überall um uns herum neu erblüht, wird das Fasten zu einer Erfahrung des Wachsens. Das Leben kehrt zurück, das Licht nimmt zu, und inmitten dieses Werdens, dieser Erneuerung fasten wir. Es ist eine Zeit des Übergangs. Das Fasten lässt uns spüren, dass auch wir uns erneuern. Die Müdigkeit des Winters weicht, und die Energie des Frühlings füllt unseren Geist. Wir lernen, dass das Fasten nicht Entsagen bedeutet, sondern auch Erneuerung, Loslassen, um Platz für das Neue zu schaffen.

Wie der Mond selbst, der stetig zu- und abnimmt, so bewegt sich auch der Ramadan durch das Jahr und nimmt uns mit auf eine spirituelle Wanderung. Dieses Wandern bringt uns jedes Jahr an neue Ufer, zeigt uns neue Facetten unseres Glaubens und unseres eigenen Wesens. Mit jedem Jahr lerne ich, das Fasten anders zu erleben. Auch wir wandern durch die Zeit; auch wir altern. In jedem Lebensalter »schmeckt« das Fasten anders. Die Herausforderungen ändern sich, aber in jeder Jahreszeit trägt das Fasten seine eigene Weisheit in sich. Das Wandern des Ramadans erinnert uns daran, dass auch unser spiritueller Weg niemals endet. Wir sind immer in Bewegung, immer auf dem Weg zu Gott. Das Wandern durch die Jahreszeiten zeigt uns, dass jede Phase unseres Lebens – ob sie leicht oder schwer ist, ob sie von Licht oder von Dunkelheit geprägt ist – uns näher zu unserem Schöpfer führen kann.

Jede Jahreszeit hat ihre eigene Sprache, ihre eigenen Zeichen, und das Fasten lässt uns diese Zeichen auf eine ganz neue Weise lesen. Während der Ramadan weiterzieht, Jahr für Jahr, durch das Jahr, werden auch wir als Fastende mitgenommen. Wir lernen, dass keine Zeit einer anderen gleicht, dass jede Jahreszeit uns anders fordert, uns anderes lehrt. Am Ende ist es jedoch immer derselbe Mond, derselbe Ramadan, der uns aufruft, zu fasten, zu wachen, zu beten – und letztlich immer wieder zu Gott zurückzukehren.

39

Wenn Verzicht
nicht möglich ist

Der Ramadan ist, wie oben schon beschrieben, eine der Säulen des Islams und daher eigentlich für jeden Gläubigen verpflichtend. Doch die Weisheit dieser Glaubensübung liegt nicht in einer starren, rigiden Vorschrift, die für jeden gilt. Es ist ein Weg, der die menschliche Natur und ihre Grenzen respektiert. Der Koran selbst erkennt jene an, die nicht fasten können – sei es aufgrund von Krankheit, Schwäche, Alter, Kindheit und Jugend, Schwangerschaft oder Stillzeit. Diese Menschen sind nicht ausgeschlossen vom Fasten, sondern werden vielmehr zu einer anderen Form der Hingabe eingeladen, die nicht weniger spirituell ist, aber eben auf andere Weise in den Monat Ramadan eingebunden bleibt.

Sie sind Teil der spirituellen Gemeinschaft, nicht durch den Verzicht auf Nahrung, sondern durch den Verzicht auf Stolz, durch die Annahme ihrer Begrenzungen. In dieser Annahme liegt eine Tiefe, die oft übersehen wird. Der Verzicht auf das

Fasten selbst kann ein Akt des Glaubens sein – ein Zeichen der Achtsamkeit gegenüber dem eigenen Körper, ein Zeichen des Respekts für das Leben, das Gott ihnen geschenkt hat. Das Fasten ist ein Weg der Demut, und dazu gehört die Einsicht, dass Gottes Barmherzigkeit sich nicht nur in der Erfüllung der Pflichten zeigt, sondern auch in der Anerkennung unserer zerbrechlichen Menschlichkeit.

Es wird aus dem Leben des Propheten Muhammad berichtet, dass eines Tages ein Mann zu ihm kam und ihm gestand: »Er sagte: Ich habe im Ramaḍān mit meiner Frau verkehrt. Er sagte: Hast du die Möglichkeit, einen Sklaven freizugeben? Er sagte: Nein. Er sagte: Kannst du zwei Monate hintereinander fasten? Er sagte: Nein. Er sagte: Hast du die Möglichkeit, sechzig Bedürftige zu speisen? Er sagte: Nein. Da setzte er sich. Es wurde dem Propheten ein Korb Datteln gebracht. Da sagte er: Gib dies als Almosen. Der Mann sagte: Jemandem, der ärmer wäre als wir, o Gesandter Gottes? Bei Gott, es gibt zwischen ihren zwei Gebieten keine Familie, die es nötiger hätte als wir. Der Prophet lachte, bis seine Eckzähne sichtbar wurden. Dann sagte er: Geh und gib es deinen Angehörigen zu essen.«[10] Die Geschichte zeigt unter anderem, dass ein ehrlicher, aber fehlbarer Mensch mit einer Sünde kommt – und mit einem Korb voll Datteln nach Hause geht. Es ist die Sanftmut des Propheten, die Milde, die sich aus dem Geist des Fastens entwickelt.

Nicht fasten zu können wird somit zu einer spirituellen Praxis. Es ist eine Form der Hingabe, die die eigene Schwäche nicht als Hindernis, sondern als Brücke zu Gott versteht. Denn Gott verlangt nicht das Unmögliche von uns, sondern nur das, was wir in Liebe und Aufrichtigkeit geben können. Wer nicht fasten kann, gibt etwas anderes: Geduld, Achtsamkeit, Fürsorge für den eigenen Körper, die Anerkennung der eigenen Grenzen. Und er teilt die ihm gewährten Gaben mit Bedürftigen. In all diesem Tun steckt der gleiche Geist der Hingabe, der das Fasten selbst ausmacht.

Der Ramadan wird so zu einer Zeit, in der alle Gläubigen – fastend oder nicht – auf ihre Weise Gott näherkommen können, denn »Gott ist sanftmütig und er liebt die Sanftmut«.[11]

40

Das Wort Gottes fließt in den Herzen

Der Monat Ramadan ist auch deshalb so bedeutend, weil in einer seiner ungeraden Nächte, vermutlich in der des 27. Tages, die erste Offenbarung des Korans herabgesandt wurde (vgl. Koran 2,185). Die Fastenzeit im Islam ist also zugleich eine gesegnete Zeit. Wenn die Tage von Verzicht und Reflexion geprägt sind, wird das Herz bereit, das Wort Gottes zu empfangen – ein tiefgreifender spiritueller Prozess, der uns näher zu unserer Quelle führt. Das Wort Gottes fließt in den Herzen der Gläubigen wie erfrischendes Wasser, das den Durst nach Gott stillt. Im Fasten treten wir zurück, um die göttliche Gabe des Korans in uns aufzunehmen, die uns auf dem Weg der Selbsterkenntnis und Erneuerung leitet. Die göttliche Gabe der Offenbarung erinnert uns daran, dass wir in der Fastenzeit die Gelegenheit haben, in unserem Herz für die Worte Gottes Raum zu schaffen. Jeder Vers, den wir lesen, wird zum Schlüssel, der uns zu einem tieferen Verständnis des Lebens und des Glaubens führt.

Der Ramadan wird als eine Einladung verstanden, uns dieser göttlichen Gabe zu öffnen. Die Nacht, die als »Nacht der Macht« oder »Nacht der Bestimmung«, *Lailat al-Qadr* bezeichnet wird, ist der Höhepunkt der Fastenzeit. Sie ist nicht nur »herrlicher als tausend Monate«, wie es im Koran heißt (vgl. Koran 97,3), sondern sie öffnet uns auch für die göttliche Offenbarung.

Der Koran ist nicht einfach ein Buch; er ist die lebendige Botschaft Gottes, die uns führt, tröstet und herausfordert. Diese Nacht ist eine Gelegenheit, die göttliche Nähe zu erfahren und in der Stille der Dunkelheit zu beten und zu reflektieren. Wenn wir uns in dieser Nacht dem Gebet und der Anbetung widmen, wird der Koran lebendig in uns, und wir spüren die transformative Kraft seiner Worte. Gläubige versammeln sich dann, um gemeinsam zu beten und Gottes zu gedenken, zu singen, ihre Dankbarkeit auszusprechen, aber auch ihre Hoffnungen und Wünsche, ihre Schmerzen und ihren Kummer Gott hinzuhalten.

Der Koran ist ein Spiegel unserer inneren Realität und lädt uns ein, uns selbst zu erkennen und unsere Absichten zu klären. Das Fasten und die Herabsendung des Korans sind auch noch auf andere Weise miteinander verbunden: Beides ermöglicht eine spirituelle Erneuerung. In den Momenten des Verzichts und der Besinnung offenbart sich uns das Göttliche.

Wenn wir den Koran rezitieren, erfahren wir, dass die Worte direkt in unser Herz dringen und uns mit einem höheren Bewusstsein verbinden. In den Versen dieses Buches finden wir Trost und Inspiration. Die Offenbarung des Korans während

Das Wort Gottes fließt in den Herzen

des Ramadans zeigt uns, dass Gott uns nicht nur mit seinen Worten beschenkt, sondern auch mit der Verantwortung, diese Worte zu leben. Das Fasten wird somit zu einer Praxis der Dankbarkeit und des Verstehens der göttlichen Weisheit, die in jedem Vers verborgen liegt.

Frei werden
zum Wesentlichen

ANSELM GRÜN

Der Dialog mit Ahmad Milad Karimi über das Fasten hat mir gezeigt, wie viele Gemeinsamkeiten es in Bezug auf die islamische und christliche Sicht des Fastens gibt und wie viel Weisheit in den Erfahrungen von Muslimen und Christen mit dem Fasten steckt – eine Weisheit, die uns heute helfen könnte, achtsamer, wacher und menschlicher miteinander zu leben. Zugleich habe ich von Ahmad Milad Karimi jedoch auch viel Neues gelernt. Der Islam öffnet mir andere Aspekte des Fastens, die mir vorher so nicht bewusst waren. Ich hoffe, dass unser Dialog auch in den Lesern und Leserinnen diese Erkenntnis wachruft. Wir haben viel Gemeinsames in unserer Spiritualität. Und zugleich können wir voneinander lernen und im Dialog unsere Perspektiven erweitern.

Die zentrale Einsicht, die uns die islamische und christliche Spiritualität des Fastens aufzeigt, ist, dass wir durch das Fasten frei werden für das Wesentliche, frei und offen für Gott, aber auch frei von allen Trübungen, die unser wahres Selbst verdunkeln, sowie frei von den Mustern, die unser Leben beeinträchtigen. Vielleicht regt unser Dialog Muslime und Christen dazu an, sich gegenseitig einzuladen, an den Ritualen des Fastens im Ramadan und in der christlichen Fastenzeit teilzuhaben. Dazu zählen Fastenkurse im Kloster oder einer anderen Seminareinrichtung oder auch »Fasten im Alltag«, das von vielen Pfarrgemeinden angeboten wird.

Fasten verbindet nicht nur Christen und Muslime. Auch in allen anderen großen Religionen gibt es die Fastenpraxis, beispielsweise im Hinduismus und Buddhismus. Das Fasten befreit uns von der Tendenz zur Rechthaberei. Wir streiten nicht mehr um Worte oder Glaubenssätze, wir setzen uns stattdessen dem Fasten aus und machen damit Erfahrungen, die sich ähneln. Manchmal interpretieren wir sie etwas anders. Aber diese verschiedenen Sichtweisen können uns dabei helfen, unsere eigenen Erfahrungen zu vertiefen. So wünsche ich allen Lesern und Leserinnen, dass sie sich bereichern lassen von den Erfahrungen, die Muslime und Christen mit dem Fasten machen. Und ich hoffe darauf, dass das gemeinsame Fasten nicht nur uns guttut, sondern auch zur Reinigung und Verwandlung der Gesellschaft beitragen kann.

AHMAD MILAD KARIMI

Der Austausch mit Pater Anselm Grün über das Fasten hat mich tief bewegt und mir gezeigt, wie sehr sich das Fasten im Ramadan und das christliche Fasten in ihrer Bedeutung und Praxis ähneln. Unsere Gespräche haben mir verdeutlicht, dass beide Traditionen – jede auf ihre Weise – das Herz der Menschen verwandeln wollen und in ihrem Kern das gleiche Ziel verfolgen: eine Rückkehr zum Wesentlichen, zur Hingabe an Gott und zur Entdeckung des authentischen Selbst.

Im Fastenmonat Ramadan tritt der Mensch in einen Raum der Stille und Entsagung ein, um alles Überflüssige hinter sich zu lassen und sich auf das Wesentliche zu besinnen. Diese Erfahrung führt uns auf eine Reise zur eigenen Tiefe und zu Gott. In der christlichen Fastenpraxis habe ich eine ganz ähnliche Kraft erlebt. Gerade durch die körperliche und spirituelle Praxis des Fastens offenbart sich die tiefe Verwandtschaft beider Traditionen. Fasten, ob christlich oder muslimisch, ist ein Weg der Selbsterkenntnis und der Läuterung, der uns lehrt, den Überfluss loszulassen und offen zu werden für das, was bleibt: die Beziehung zu Gott, die Liebe zum Nächsten und die Wahrheit des eigenen Herzens. Aus diesem Dialog habe ich eine Erkenntnis gewonnen, die ich von Herzen teile: dass der Islam und das Christentum auf ihren jeweiligen Wegen zur Wahrheit gehören. Beide Religionen sind ein Weg für Suchende, die sich in ihrer Hingabe an Gott begegnen. Sie sind wie zwei Flüsse, die dem gleichen Ozean entströmen. Gemeinsam sind sie ein Geschenk für die Menschheit.

Wir glauben, dass Gläubige beider Religionen mit großem Gewinn von dieser Begegnung lesen können, und wir hoffen sehr, dass dieses Buch Sie, liebe Leserinnen und Leser, als täglicher Begleiter durch Fastenzeit und Ramadan unterstützt. Wir haben erlebt, dass uns diese gemeinsame Suche und das geteilte Fasten als Wege zur Wahrheit zusammenführen. Vielleicht entdecken wir so, dass das Fasten eine universelle Kraft ist, die nicht nur unsere Seelen reinigt, sondern uns als Menschheit vereint – in einer Welt, die nach Tiefe und Frieden sucht.

Zitierte Literatur
zum christlichen Fasten

Die Bibelstellen sind zitiert nach: Die Bibel. Einheitsübersetzung der Heiligen Schrift, Katholische Bibelanstalt, Stuttgart 2016; die Texte der Psalmen nach: Münsterschwarzacher Psalter, Münsterschwarzach 2003.

Benediktinisches Antiphonale, Band III (Vesper, Komplet), Münsterschwarzach, 6. Auflage 2024.

Die Regel des heiligen Benedikt, herausgegeben im Auftrag der Salzburger Äbtekonferenz, Beuron, 5. Auflage 2019.

Gandhi, Mahatma: Aus der Stille kommt die Kraft des Friedens, Freiburg im Breisgau 2007.

Grün, Anselm: Fasten – Beten mit Leib und Seele, Münsterschwarzach 2021.

Kästner, Erhart: Die Stundentrommel vom Heiligen Berg Athos, Wiesbaden 1956.

Miller, Bonifaz (Hrsg.): Weisung der Väter, Freiburg 1965 [im vorliegenden Buch zitiert als **Apophthegmata** mit der Nummer des jeweiligen Väterspruches].

O'Donohue, John: Schönheit. Das Buch vom Reichtum des Lebens, München 2004.

Régamey, Pie-Raymond (Hrsg.): Wiederentdeckung des Fastens, Wien/München 1963.

Regnault, Lucien (Hrsg.): Les Sentences des Pères du désert, Nouveau recueil, II, Solesmes 1977.

Tertullian: Über das Fasten, übersetzt von Heinrich Kellner, München 1915.

Anmerkungen

1 The Mathnawi of Jalalu'ddin Rumi. Vol. 1. Ed. From the oldest manuscripts available with critical notes, transl. and commentary by R. A. Nicholson. London 1925, Book 1, 1510–1514. (Eigene Übersetzung)

2 Al-Buḫārī, M. b. ʿI.: Ṣaḥīḥ al-Buḫārī. Damaskus/Beirut 2002, Kitāb aṣ-Ṣaum, Bāb 9, Hadith Nr. 1904, zitiert nach: Der Ḥadīth. Urkunde der islamischen Tradition. Band II: Religiöse Grundpflichten und Rechtschaffenheit. Ausgewählt und übersetzt von Adel Theodor Khoury, Gütersloh 2008, S. 198, Hadith Nr. 2063.

3 An-Nasāʾī, A. ʿA.: Sunan an-Nasāʾī. Kairo 2010, Kitāb aṣ-Ṣiyām, Bāb 42, Ḥadīṯ-Nr. 2216, zitiert nach: Der Ḥadīth. Urkunde der islamischen Tradition. Band II: Religiöse Grundpflichten und Rechtschaffenheit. Ausgewählt und übersetzt von Adel Theodor Khoury, Gütersloh 2008, S. 198, Hadith Nr. 2063.

4 Muslim, A. Ḥ.: Ṣaḥīḥ Muslim. Ed. v. Ḥ. M. Šīḥā. Beirut 2007, Kitāb Ṣalāt al-musāfirīn wa-qaṣrihā, Bāb 25, Hadith Nr. 1777, zitiert nach: Der Ḥadīth. Urkunde der islamischen Tradition. Band II: Religiöse Grundpflichten und Rechtschaffenheit. Ausgewählt und übersetzt von Adel Theodor Khoury, Gütersloh 2008, S. 206, Hadith Nr. 2106.

5 Vgl. Aḥmad b. Ḥanbal, A. ʿA.: al-Musnad. Bd. 6. Ed. v. A. M. Šākir. Kairo 1995, Hadith Nr. 6626.

6 Rūmī, Ǧ. M.: Kulliyāt-i Šams-i Tabrīz. Ed. by B. Z. Furūzānfar. Teheran 1380 (H. š.), Ġazal-Nr. 884.

7 Rūmī: Dīwān, Ġazal-Nr. 395.

8   Zitiert nach as-Sarrāǧ: R. Gramlich, Islamische Mystik. Sufische Texte aus zehn Jahrhunderten. Stuttgart/Berlin/ Köln 1992, S. 55.

9   Der Ḥadīth. Urkunde der islamischen Tradition. Band II: Religiöse Grundpflichten und Rechtschaffenheit. Ausge- wählt und übersetzt von Adel Theodor Khoury, Gütersloh 2008, S. 198.

10 Al-Buḫārī, M. b. ʿI.: Ṣaḥīḥ al-Buḫārī. Damaskus/Beirut 2002, Kitāb aṣ-Ṣaum, Bāb 9, Hadith Nr. 1937, zitiert nach: Der Ḥadīth. Urkunde der islamischen Tradition. Band II: Religiöse Grundpflichten und Rechtschaffenheit. Ausge- wählt und übersetzt von Adel Theodor Khoury, Gütersloh 2008, S. 207, Hadith Nr. 2109.

11 Der Ḥadīth. Urkunde der islamischen Tradition. Band II: Religiöse Grundpflichten und Rechtschaffenheit. Ausge- wählt und übersetzt von Adel Theodor Khoury, Gütersloh 2008, S. 362.

Bibliografische Information der Deutschen Nationalbibliothek
Die Deutsche Nationalbibliothek verzeichnet diese Publikation in der
Deutschen Nationalbibliografie. Detaillierte bibliografische Daten sind
im Internet über http://dnb.d-nb.de abrufbar.

Ohne Folie
Für unsere Umwelt

in Deutschland
produziert

MIX
Papier | Fördert
gute Waldnutzung
FSC
www.fsc.org   FSC® C014889

1. Auflage 2025
© Vier-Türme GmbH, Verlag, Münsterschwarzach 2025
Alle Rechte vorbehalten

Lektorat: Marlene Fritsch
Umschlaggestaltung und -motiv: Finken & Bumiller
Druck und Bindung: Pustet, Regensburg
ISBN 978-3-7365-0646-6

www.vier-tuerme-verlag.de